AF215240

Markus Stubbig
Cisco HyperFlex im Einsatz

Markus Stubbig

Cisco HyperFlex im Einsatz

Hyperkonvergente Infrastruktur

Bibliografische Information der Deutschen Nationalbibliothek
Die Deutsche Nationalbibliothek verzeichnet diese Publikation in der
Deutschen Nationalbibliografie; detaillierte bibliografische Daten sind im
Internet über http://dnb.dnb.de abrufbar.

© 2020 Markus Stubbig
Herstellung und Verlag: BoD – Books on Demand, Norderstedt

1. Auflage 2020
ISBN: 978-3-7504-8214-2

Das Werk, einschließlich seiner Teile, ist urheberrechtlich geschützt. Jede
Verwertung ist ohne Zustimmung des Verlages und des Autors unzulässig.
Dies gilt insbesondere für die elektronische oder sonstige Vervielfältigung,
Übersetzung, Verbreitung und öffentliche Zugänglichmachung.

Inhaltsverzeichnis

Vorwort   **viii**

1   Einleitung   **13**

Wie war es vorher? 13

Konvergent 14

Hyperkonvergent 15

Pro und Contra 15

Cisco HyperFlex 17

Zusammenfassung 17

2   Architektur   **19**

Wie ist HyperFlex aufgebaut? 19

Komponenten 20

Netzwerk 22

Lizenzierung 24

Adressen 25

Planung 27

Labor 28

Zusammenfassung 29

3   Installation   **31**

Fabric Interconnect 31

UCS-Manager 32

UCS-Server 34

vCenter 35

Versionen 36

HyperFlex Installer 37
Kontrolle 43
Zusammenfassung 44

4 Einrichtung   **45**
HyperFlex Connect 45
Die erste VM entsteht 47
Updates 47
Zusammenfassung 49

5 Ausfallschutz   **51**
Datenträger 52
Server 55
Fabric Interconnect 57
Zusammenfassung 58

6 Migration   **59**
VMware Converter 60
xvMotion 62
Zusammenfassung 68

7 Sicherheit   **69**
Managementzugang 69
VLANs und vSwitches 71
Logging 72
Zertifikate 74
Zusammenfassung 76

8 Einblick   **77**
HyperFlex Installer 77
Storage Controller 78
Zusammenfassung 85

9 Überwachung   **87**
Monitoring 87
Backup und Restore 94
Zusammenfassung 97

10 Best Practice   **99**

    Cluster erweitern 99

    Zugriff auf den Datastore 100

    Leistungsmessung 101

    Sizing 104

    Neues VLAN 107

    Lokations-LED 108

11 Ausblick   **109**

    Stretched Cluster 109

    Replizierung 113

    Edge Cluster 113

    Verschlüsselte Datenträger 114

Literaturverzeichnis   **115**

Stichwortverzeichnis   **119**

A Zusatzmaterial   **123**

B Programmierschnittstelle   **125**

Vorwort

Konvergent, hyperkonvergent, wer bietet mehr? Was hier nach tiefer, breiter, schneller klingt, ist keine neue Wunder-Appliance, sondern eine Mischung aus Effizienz und Rückschritt. Das Konzept dahinter ist einfach: weg von komplexen Storage-Arrays, verschachtelten Netzstrukturen, wilden Verkabelungen und Hersteller-Mix. Zurück zum lokalen Storage und zwei Netzanschlüssen pro Server.

Die Anbieter von hyperkonvergenten Produkten versprechen den potenziellen Kunden, dass alles einfacher wird. Ob das stimmt oder nicht verrät ein Blick in ein hyperkonvergentes Mini-Rechenzentrum: zwei Switches und drei Server. Insgesamt fünf Höheneinheiten. Und es ist vollständig! Nach ein paar Stunden der Planung, Verkabelung und Einrichtung ist das Ding einsatzbereit.

Das Konzept kommt am Markt gut an: Die Kunden fühlen sich mit simpler IT wohl und bescheren den Herstellern neue Umsätze. Und Gartner spendiert dem Geschehen sogar einen eigenen Quadranten für *Hyperconverged Infrastructure*. Cisco platziert sich mit HyperFlex im rechten, oberen Block bei den „Gewinnern". Zugegeben: Es gibt noch Abstand zum Marktführer und zu den anderen Storage-Profis.

Aber wie werden zwei Switches und drei Server hyperkonvergent? Im Hintergrund wandert mehr Intelligenz in die Software. Die Hardware degradiert sich zur Standardhardware. Im Rack wohnen handelsübliche x86-Server und darin stecken normale Festplatten oder Solid-State-Laufwerke. Die Software kümmert sich um die Details und komponiert ein Dateisystem über alle Disks. Flott und robust.

Die Zeit wird zeigen, ob HyperFlex die Rechenzentren überschwemmen wird oder nur ein modischer Trend ist. Aber wenn das erste hyperkonvergente System an die eigene Tür klopft, wird es Zeit für fundiertes Grundwissen. Falls die offizielle Dokumentation von Cisco zu langatmig ist, liegt die Kurzform gebunden oder als E-Book vor Ihnen: Denn dieses Buch will einen schnellen Einstieg in HyperFlex liefern und die Besonderheiten vorführen, die mit der Lösung möglich sind.

Viel Spaß beim Ausprobieren, Staunen und Fluchen.

Übersicht

Kapitel 1 beschreibt den Wandel im Rechenzentrum von gewachsenen Strukturen bis zur hyperkonvergenten Infrastruktur. Als anschauliches Produkt erklärt Kapitel 2 die Architektur von HyperFlex und die enthaltenen Komponenten. Noch konkreter wird das Beispielnetz, welches eine reale HyperFlex-Umgebung plant. Aus der Planung wird in Kapitel 3 Wirklichkeit durch Vorbereitung der Server und Switches. Danach darf der Installer loslegen und daraus ein HX-Cluster formen.

Die neue Umgebung nimmt Kapitel 4 unter die Lupe und spielt mit Datastores, virtuellen Maschinen und Updates. Bevor der erste Workload startet, fallen in Kapitel 5 Festplatten, Server, Netzteile und Switches aus, ohne dass die Umgebung ernsthaft Schaden nimmt.

Mit dem frisch gewonnenen Vertrauen beginnt in Kapitel 6 die Migration einer bestehenden Umgebung auf das HyperFlex-Cluster. Parallel dazu klopft Kapitel 7 die Sicherheit ab und liefert hier und da einen Security-Tipp.

Damit schnurrt die neue Hardware, aber Kapitel 8 bohrt etwas tiefer und erklärt, wie das software-definierte Speichernetz von HyperFlex unter der Oberfläche arbeitet. Für den regulären Betrieb sichert Kapitel 9 die Konfiguration und überwacht die Server per Monitoringsystem auf Ausfälle.

Danach stellt Kapitel 10 die HyperFlex-Umgebung auf den Prüfstand und verteilt Tipps für die Dimensionierung einer neuen Umgebung. Zuletzt gibt Kapitel 11 einen Ausblick auf größere und kleinere Cluster.

Ressourcen

Der beste Einstiegspunkt für Dokumentation rund um HyperFlex und UCS-Server ist die *Cisco HyperFlex Systems Documentation Roadmap* [1]. Hier tummeln sich Anleitungen, Checklisten, Admin-Guides und Release Notes zu allen Hardwarekomponenten und Softwareständen.

Für die visuellen Lerner gibt es bereits eine beachtliche Auswahl an Videos auf YouTube. Das Spektrum reicht von kurzen Werbeclips, Diskussionen zwischen Experten bis zum vollständigen Installationsvideo.

Für den Praktiker stellt Cisco kostenlos eine simulierte HyperFlex-Demo-Umgebung in der *dCloud* bereit. Dort können Interessierte in der vorgegebenen Topologie mit den Komponenten experimentieren. Für den Einstieg eignet sich das Szenario „Installation and Management Lab".

Schriftkonventionen

`Nichtproportionalschrift` zeigt die erzeugte Ausgabe eines Kommandos.

`Schreibmaschinenschrift` wird für Konfigurationen und Schlüsselwörter benutzt, die buchstabengetreu eingetippt werden müssen.

`Nichtproportionalschrift Fett` zeigt Befehle, die eine Ausgabe erwarten.

`Hervorhebungen` weisen auf besondere Wörter oder Zeilen innerhalb von Kommandos oder Bildschirmausgaben hin.

```
ein-sehr-langer-kommando-aufruf --mit --sehr \
  --vielen "Optionen"
```

Kommandos mit vielen Argumenten können länger als eine Zeile sein. Für die bessere Übersicht werden diese Kommandos mehrzeilig abgedruckt und um zwei Zeichen eingerückt. Am Ende jeder Zeile steht der Backslash als Hinweis darauf, dass es in der nächsten Zeile weitergeht.

Rechtliches

Warennamen und Bezeichnungen werden ohne Gewährleistung der freien Verwendbarkeit benutzt. Es ist davon auszugehen, dass viele der Warennamen gleichzeitig eingetragene Warenzeichen oder als solche zu betrachten sind.

Bei der Zusammenstellung von Texten, Bildern und Daten wurde mit größter Sorgfalt vorgegangen. Trotzdem können Fehler nicht vollständig ausgeschlossen werden. Der Autor lehnt daher jede juristische Verantwortung oder Haftung ab. Für Verbesserungsvorschläge und Hinweise auf Fehler ist der Verfasser dankbar.

Icons

Die Diagramme enthalten Symbole vom *Icons8* (https://icons8.com) und *VMware*. VMware erlaubt die Benutzung ihrer Icons in Diagrammen, wenn die Nutzungsbedingungen abgedruckt sind:

This document was created using the official VMware icon and diagram library. Copyright © 2012 VMware, Inc. All rights reserved. This product is protected by U.S. and international copyright and intellectual property laws. VMware products are covered by one or more patents listed at http://www.vmware.com/go/patents.
VMware does not endorse or make any representations about third party information included in this document, nor does the inclusion of any VMware icon or diagram in this document imply such an endorsement.

Inhaltsverzeichnis

Kapitel 1

Einleitung

Eine hyperkonvergente Infrastruktur (HCI) bringt Rechenleistung (*compute*), Speicherplatz (*storage*) und Netzwerk (*networking*) zusammen und packt sie in ein einzelnes IT-System. HCI implementiert die drei Säulen in Software und ersetzt damit die bisherigen hardware-basierten Systeme. Das Ergebnis ist eine Plattform mit Hypervisor, software-definiertem Storage und virtualisiertem Netzwerk. Die Software läuft auf Standard-Servern und nutzt reguläre Speichermedien.

Wie war es vorher?

HCI ist ein recht neues Konzept und die Vorteile werden deutlicher, wenn man den Wandel im Rechenzentrum betrachtet. Zwei Evolutionsschritte vorher, im traditionellen Rechenzentrum, liefen die Applikationen auf dedizierten Servern. Jeder Server hat mehrere Verbindungen ins lokale Netzwerk und mehrere Zugänge ins Speicher-Netz. Die Anwendungen legen ihre Daten nicht lokal ab, sondern auf Festplatten im Storage-Netzwerk. Die drei Bereiche *compute*, *storage* und *networking* sind separate Einheiten, physikalisch getrennt und werden meist von unterschiedlichen Teams betreut. Abbildung 1.1 auf der nächsten Seite zeigt den traditionellen Ansatz. Je nach Anbieter, Modell und Konfiguration zeigt sich ein operatives Problem, denn das Zusammenspiel der Einheiten ist nicht garantiert. Im Fehlerfall sind mehrere Hersteller involviert und die potenzielle Ursache wird gerne hin-und-her geschoben.

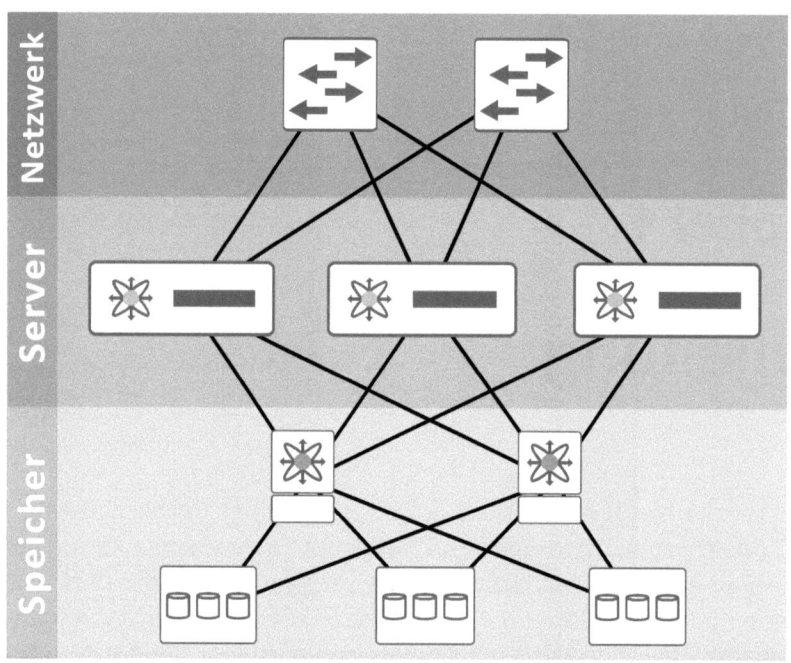

Abbildung 1.1: Der traditionelle Aufbau unterteilt in Speicher, Server und Netzwerk

Und selbst ein funktionierendes System kann nach einem Update wackeln, denn Softwareupdates sind komplex, da es viele Abhängigkeiten gibt. Die Zeitspanne von der Planung bis zur Inbetriebnahme liegt bei Monaten.

Vor dem Hintergrund der traditionellen Architektur sind erste Trends zum Zusammenspiel erkennbar. Hersteller testen Interoperabilität und veröffentlichen ihre Ergebnisse als Referenzdesign oder Aufbauanleitung (Beispiel: Cisco FlexPod).

Konvergent

In der konvergenten Infrastruktur sind Compute, Storage und Netzwerk immer noch separate Einheiten, aber von *einem* Partner zusammengestellt. Der Anbieter verkauft sein Produkt als Gesamtpaket. Der Vorteil: Alle Bauteile sind gegeneinander getestet und validiert.

Um ein einheitliches Gesamtpaket zu verdeutlichen, legt der Anbieter eventuell eine Managementsoftware bei, die alle Komponenten zusammenfasst und dem Anwender präsentiert.

Beim Softwareupdate schreibt der Anbieter die Versionen aller Bauteile vor, um die Stabilität weiterhin zu gewährleisten. Natürlich bleiben Fehler nicht aus, aber im Supportfall gibt es nur noch *eine* Nummer zum Anrufen.

Die Zeitspanne von der Planung zur Inbetriebnahme liegt bei Wochen (Beispiel: VCE VBlock).

Hyperkonvergent

Der hyperkonvergente Ansatz fasst Compute und Storage zusammen und baut sie in die Server ein. Eine zusätzliche Software verwaltet den Storage in den Servern. Diese Software weiß genau, welche Festplatte in welchem Server den angefragten Datenblock gespeichert hat. Ein separates SAN gibt es nicht. Das Ergebnis ist ein *Software-defined Storage*.

Die *Hyperkonvergente Infrastruktur* (HCI) ist das harmonische Zusammenspiel von Serverhardware mit der HCI-Software. Grundsätzlich können Hardware und Software von unterschiedlichen Herstellern kommen. Bei *HyperFlex* kommt beides von Cisco. Das Ergebnis ist eine perfekte Optimierung der Software an die verwendete Hardware. Der Support aller Komponenten kommt aus einer Hand.

Die Zeitspanne von der Planung bis zur Inbetriebnahme liegt bei Tagen.

Pro und Contra

Weder HCI noch HyperFlex ist die ultimative Allzweckwaffe gegen jede Art von Problemen im Rechenzentrum. Allerdings deckt es viele Workloads ab und vereinfacht die Administration.

Vorteile

Die hyperkonvergente Infrastruktur benötigt weder spezielle Server, komplizierte Storage-Systeme oder Spezialwissen. Die verwendeten Server teilen die Arbeit unter sich auf. Der Storagecontroller verteilt die Datenblöcke auf alle Festplatten und hat den Füllstand stets im Blick. Das Ergebnis ist eine bessere Auslastung aller Ressourcen.

Wenn die verfügbare Rechenleistung oder Speichermenge schwindet, lässt sich der Engpass durch zusätzliche Server beheben. Jede weitere Maschine beschert dem HCI-Cluster ein bisschen Compute und ein bisschen Storage. Das Konzept skaliert, bis es an die festgelegte Grenze von 64 Servern stößt. Weiterhin versprechen die Marketingbroschüren eine Reduktion der Datenmenge durch Deduplizierung (20-30%) und Komprimierung (30-50%). Die Weboberfläche von HyperFlex (vgl. Kap. 4) wird zeigen, wie hoch die Einsparungen tatsächlich sind.

Zuletzt reduziert sich die Vielzahl der Verwaltungsmöglichkeiten auf wenige Weboberflächen. Bei HyperFlex sind es „nur" noch drei, wovon im Tagesgeschäft lediglich der *vSphere Client* übrig bleibt.

Nachteile

Die HyperFlex-Lösung verwendet ausschließlich Komponenten von Cisco. Ein Beimischen von Hardware eines Drittanbieters ist nicht möglich, da sich der Installer stark an der UCS-Plattform ausrichtet. Folglich zieht mit HyperFlex ein Vendor-Lock-in ins Rechenzentrum ein, welches für spätere Erweiterungen des HCI-Clusters berücksichtigt sein muss.

Die Leistung von Compute und Storage skaliert zusammen. Zusätzliche Server bescheren dem Cluster mehr Storage *und* mehr Compute. Wenn das Cluster mehr Storage benötigt, bringen die Maschinen immer etwas Compute-Leistung mit – auch wenn es niemand braucht. Andersrum gibt es reine Compute-Nodes, die Rechenleistung ohne Speicherplatz bieten.

HCI ist nicht für jeden Workload geeignet. In den Bereichen Big-Data-Analyse, künstliche Intelligenz und bei leistungshungrigen Anwendungen ist Vorsicht geboten. Dann muss eine Demo-Umgebung nachweisen, dass HyperFlex für den Workload tatsächlich infrage kommt.

HyperFlex vereint die drei Disziplinen Server, Speicher und Netzwerk, die organisatorisch im Unternehmen durch drei unterschiedliche Teams verwaltet werden. Welche Abteilung soll zukünftig den HyperFlex-Cluster betreuen? Weiterhin benötigt die HyperFlex-Lösung weniger Fachwissen, da die Bereiche weniger komplex ausgeführt sind.

Wer immer noch nicht abgeschreckt ist, sollte zuletzt berücksichtigen, dass HyperFlex eine relativ junge Lösung ist und noch Entwicklung (und Fehler) bringt.

Cisco HyperFlex

HyperFlex ist die HCI-Plattform von Cisco. Als Hardware benutzt Cisco das hauseigene *Unified Computing System* (UCS) und setzt eine Verwaltungssoftware obendrauf, die sich um den Storage kümmert.

Mit UCS hat Cisco bereits eine konvergente Infrastruktur, die Server, Netzwerk und Storage enthält. Die Server und die Netzkomponenten stammen aus eigener Fertigung. Der Storage besteht aus Festplatten von namhaften Herstellern, die lokal in den Servern stecken.

Die zugekaufte Software von SpringPath verwandelt die Fülle an Festplatten in ein verteiltes Dateisystem. Die gespeicherten Datenblöcke liegen in Kopie auf mehreren Festplatten, sodass einzelne Datenträger und vollständige Server ausfallen dürfen, ohne dass Datenverlust entsteht.

Dazu spendiert Cisco noch die Verwaltungsoberfläche *HyperFlex Connect*, um das Server-Cluster zu überwachen, zu replizieren und zu warten.

Zusammenfassung

Im Rechenzentrum teilt sich die Infrastruktur in Compute, Netzwerk und Storage. Diese drei Kategorien sind meist in unterschiedlichen Produkten verankert, die mehr oder weniger gut zusammenspielen. Das konvergente Konzept fügt Kompatibilitätstests hinzu und letztendlich harmonieren die verschiedenen Herstellersysteme miteinander. Der hyperkonvergente Ansatz fasst die Teildisziplinen zusammen, integriert sie in die Server und erledigt die wesentlichen Funktionen per Software.

Damit ist der Schritt vom klassischen System zur hyperkonvergenten Infrastruktur vollzogen. Kapitel 2 wird die Architektur von HyperFlex näher beleuchten.

Kapitel 2

Architektur

Cisco HyperFlex ist keine hundertprozentige Neuentwicklung, sondern verwendet das *Unified Computing System* (UCS) als Hardwareplattform. Die UCS-Lösung ist eine konvergente Architektur und besteht aus Servern, Netzwerk und lokalem Storage. HyperFlex erweitert die Lösung um *Software-defined Storage*, eine Verwaltungsoberfläche und einen Installations-Wizard, der aus allen Komponenten ein HyperFlex-Cluster komponiert.

Wie ist HyperFlex aufgebaut?

Die Architektur von HyperFlex besteht aus der physikalischen Ebene und der logischen Ebene. Auch wenn alle Komponenten virtualisiert sind, benötigen sie eine physische Plattform in Form von Servern, Festplatten und Switches. Auf der logischen Ebene ist alles virtuell: Auf den Servern läuft ein Hypervisor, der die Rechenleistung per Software an die virtuellen Maschinen (VM) verteilt. Die Festplatten gruppieren sich zu einem Storage-Pool, der allen VMs zur Verfügung steht. Abbildung 2.1 auf der nächsten Seite zeigt den Überblick der Ebenen und ihr Zusammenspiel.

Auf der physischen Ebene setzt Cisco auf die hauseigenen Server und Netzkomponenten, die der Abschnitt Komponenten weiter beleuchtet. Oberhalb der Server läuft der Hypervisor *ESXi* von VMware. Die Verwaltung übernimmt das *vCenter*. Zusammen stellen sie eine branchenübliche Architektur für virtuelle Maschinen dar.

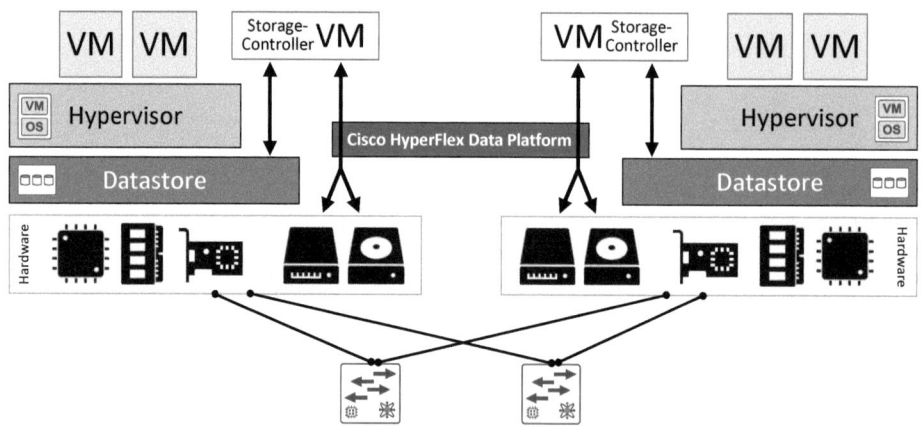

Abbildung 2.1: Die Architektur von HyperFlex

HyperFlex komplementiert diese Umgebung durch ein verteiltes Dateisystem, welches alle verfügbaren Daten-Laufwerke in den Servern zu einem redundanten, ausfallgeschützten Datenpool zusammenfasst. Dazu läuft auf jedem Hypervisor ein *Storage Controller* als VM, der die Festplatten im lokalen Server bedient und mit den Storage Controllern auf den anderen Hypervisoren in ständigem Kontakt ist. Alle Storage Controller stellen den Datastore für die übrigen virtuellen Maschinen zur Verfügung.

Damit das vCenter Einblick in den Datastore hat, melden sich die Storage Controller als Plug-in im vCenter und berichten über Füllstand und Gesundheit der Festplatten.

Komponenten

Für HyperFlex bedient sich Cisco an seiner UCS-Produktserie und holt daraus Server und Fabric-Switches. Die Server erhalten eine neue Bezeichnung, die sie als HyperFlex-Maschine kennzeichnen.

Server

Cisco kategorisiert seine HyperFlex-Server abhängig von ihrer Aufgabe und den Laufwerkstypen. Ein *Converged Node* ist ein Server mit Rechenleistung und Festplatten, der sein Können dem HyperFlex-Cluster zur Verfügung stellt. Der *Compute Node* stellt lediglich seine CPU-Leistung zur Verfügung und hält sich bei den Festplatten zurück.

Die *Converged Nodes* unterscheiden sich im Storage-Medium und im Host-Bus-Adapter. Der *Hybrid*-Server fasst drehende Festplatten, das *All Flash*-Modell akzeptiert Flash-Medien mit SATA-Anschluss und der *All NVMe*-Server ist mit Flash-Medien bestückt, die über einen waschechten NVMe-Controller angeschlossen sind. Tabelle 2.1 zeigt die Servertypen im Vergleich. Die angegebene Laufwerksgröße bezieht sich auf *ein* Laufwerk ohne Verschlüsselung.

Modell	Typ	Anzahl Slots für Daten-Laufwerke	Plattengröße min	max
HX220c M4	HDD	6	1.2T	1.8T
	All Flash	6	0.9T	3.8T
HX240c M4	HDD	23	1.2T	1.8T
HXAF240c M4	All Flash	23	0.9T	3.8T
HX220c M5	HDD	8	1.2T	2.4T
	All Flash	8	0.9T	7.6T
	All NVMe	8	1T	4T
HX240c M5	HDD	23	1.2T	2.4T
HX240c M5 LFF	HDD	10	6T	12T
HXAF240c M5	All Flash	23	0.9T	7.6T

Tabelle 2.1: Server der Cisco HyperFlex HX-Serie

In den Servern sind stets ein Boot-Laufwerk, ein System-Laufwerk und ein Cache-Laufwerk verbaut. Auf diesen Medien laufen der Hypervisor und die *Storage Controller*-VM (siehe Seite 78). In den verbleibenden Steckplätzen befinden sich die Kapazitätslaufwerke, die den Storage-Pool ausmachen. Der Servertyp bezieht sich auf die verbauten Medien. Das Hybrid-Modell *HX220c M5* hat folglich drei interne Medien und bis zu acht Kapazitätsplatten.

Die maximale Anzahl der Kapazitäts-Laufwerke ist abhängig von der Bauform des Servers. Der erwähnte *HX220c M5* hat zehn Einschübe, von denen zwei durch die System- und Cache-Laufwerke belegt sind. Folglich bleiben acht verfügbare Einschübe für die Kapazitätsplatten.

Hinweis

In den HyperFlex-Servern sind sowohl drehende Festplatten, als auch Flash-Speicher verbaut. Da Flash-Speicher keine Festplatten sind, verwendet dieses Buch die Begriffe Laufwerk, Datenträger und Medium.

Fabric Interconnect

Die Server verbinden ihre Netzadapter mit einem Netzwerkswitch, um sich gegenseitig zu erreichen. In der UCS-Welt hat dieser Switch noch eine weitere Tätigkeit: Er verwaltet und konfiguriert die Server. Der Switch ist demnach der Manager der UCS-Server. Diese neue Aufgabe geht weit über den Switching-Betrieb hinaus und daher vergibt Cisco dieser Komponente den neuen Titel „Fabric Interconnect".

Das Aussehen und die Verkabelung ähneln allerdings einem regulären Switch. Für die Verfügbarkeit gilt dasselbe, denn zwei *Fabric Interconnect* (FI) sind besser als einer. Jeder Server ist mit jedem FI verbunden. Cisco geht sogar noch einen Schritt weiter und unterstützt keine HyperFlex-Umgebung mit einem einzelnen FI.

Die zwei FI bilden ein Cluster für Hochverfügbarkeit. Dabei sind beide FI aktiv und transportieren Datenpakete für die Server. Die webbasierte Verwaltungsoberfläche *UCS-Manager* läuft auf einem FI und benötigt keine zusätzlichen Management-Server. Über den UCS-Manager lassen sich beide FI und alle angeschlossenen UCS-Server einrichten und betreiben.

Netzwerk

Der physische Netzaufbau zwischen den Servern und den beiden FI ist überschaubar. In Abbildung 2.2 ist jeder UCS-Server zweipfadig angebunden. Die Kabel enden jeweils auf einem FI. Für mehr Bandbreite kann jeder Server auch vier Uplinks haben, wobei jeweils zwei auf einem FI enden.

Der Verkabelungsaufwand ist derart gering, da die Netzadapter als *converged network adapter (CNA)* arbeiten und mehrere Funktionen haben: KVM-Zugriff, Out-of-Band-Management, Host-Bus-Adapter und die klassische Netzwerkkarte. Damit immer genug Luft nach oben ist, hat jeder Anschluss eine Bandbreite von 40 Gbit/s.

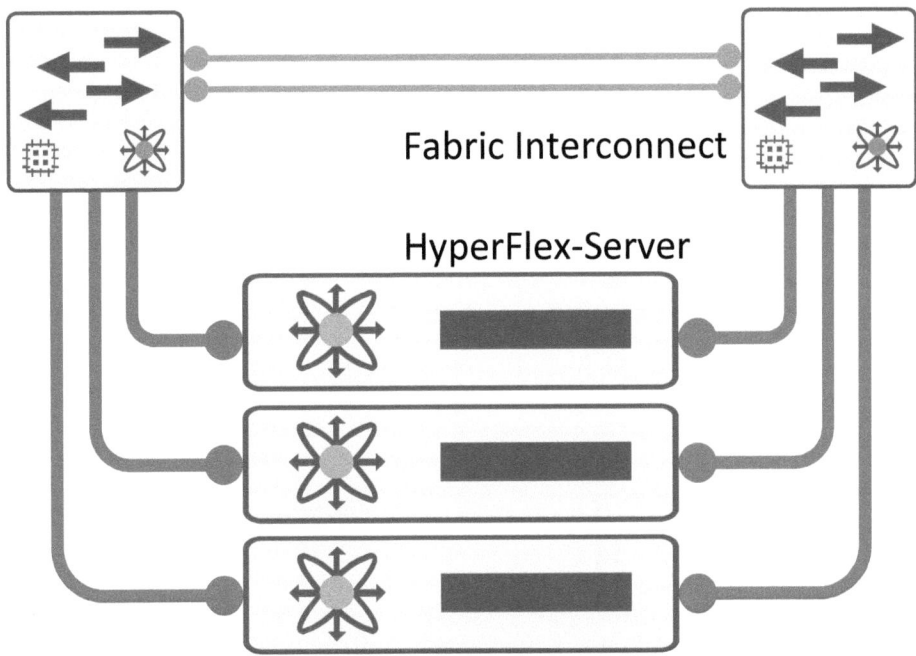

Abbildung 2.2: Der physische Netzaufbau von HyperFlex

Auf Basis des physischen Netzwerks betreiben die Server ein logisches Netzwerk, um ihre Dienste zu unterteilen und kritische Funktionen voneinander abzuschotten. Die vier Kernbereiche des HyperFlex-Netzes sind:

- Management. Der Verwaltungszugang zu den Servern, Hypervisoren und Storage-Controllern.

- Storage. In diesem Netzabschnitt synchronisieren die Storage-Controller ihren Datenbestand und präsentieren den Hypervisoren einen einheitlichen Datastore.

- vMotion. Eine VM wechselt ihren Hypervisor durch diesen Netzbereich.

- VM-Netz. In diesem Segment sind die virtuellen Maschinen Zuhause.

Der Hypervisor erstellt die Netze als vier Portgruppen. Der Fabric Interconnect verwendet vier VLANs für die Unterteilung.

Abbildung 2.3 zeigt die logischen Netze und ihre Verbindung zu einem Hypervisor und den FI. Der Netzabschnitt für die VMs und das Managementnetz dürfen den FI verlassen und das restliche Netz betreten. Für vMotion ist das eventuell ebenfalls erwünscht, falls VMs zu Hypervisoren außerhalb des HyperFlex-Verbundes migriert werden sollen. Das Storage-Netz sollte die kontrollierte HyperFlex-Umgebung nicht verlassen, damit die Synchronisierung der Storage-Controller ungestört und unverfälscht ablaufen kann.

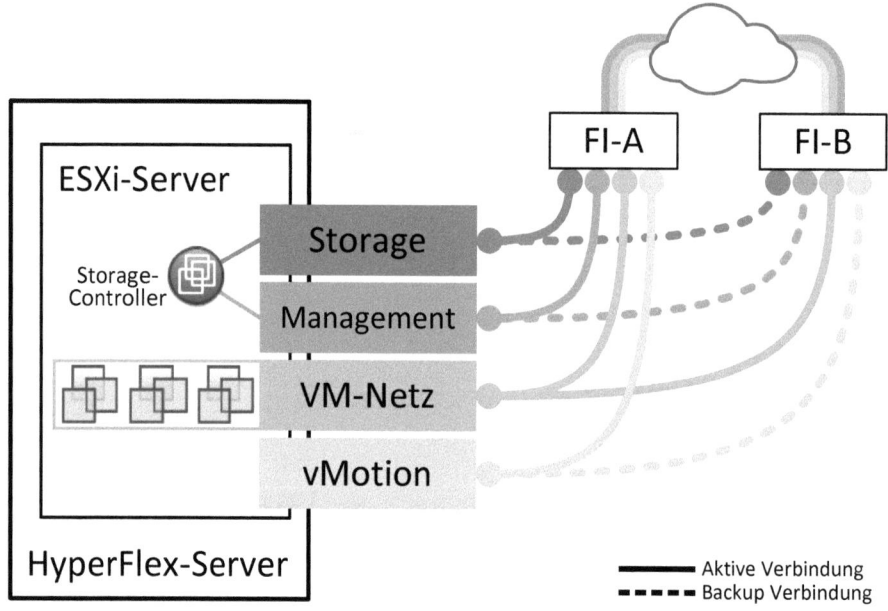

Abbildung 2.3: Der logische Netzaufbau von HyperFlex

Lizenzierung

Die Lizenzierung der HyperFlex-Infrastruktur spaltet sich in Lizenzen für VMware vSphere und für die HyperFlex-Plattform. Ohne Lizenzen läuft VMware vSphere 60 Tage und Cisco HyperFlex immerhin 90 Tage.

Technisch benutzt das Lizenzmodell *Smart Licensing*: Das HX-Cluster meldet sich via Internet bei Cisco und überprüft die gekauften Lizenzen. Wenn die Lizenzen im Portal dem Kunden zugeordnet sind, darf das HX-Cluster weiterarbeiten. Falls kein Internetzugriff möglich ist, kann Cisco mit dem *air-gapped*-Modus nach vorheriger Prüfung eine Ausnahme machen.

Bei HyperFlex gibt es die Produkte *Edge* für kleine Umgebungen, *Standard* und *Enterprise* für die NVMe-Modelle und das Stretched Cluster. Eine Lizenz und die zugehörige Wartung spricht Cisco für 1–5 Jahre aus.

Hinweis

Ein „compute-only" HX-Server erweitert das Cluster um Rechenleistung und Arbeitsspeicher und benötigt *keine* Lizenz.

VMware lizenziert vSphere nach Anzahl der Prozessoren und enthaltenen Features. Wenn der *Distributed Resource Scheduler* und der *Distributed Switch* benötigt werden, muss es eine *vSphere Enterprise Plus*-Lizenz sein. Ansonsten reicht die günstigere Standard-Lizenz [2].

Da die Lizenzen einen großen finanziellen Anteil einer HyperFlex-Installation ausmachen, ist eventuell ein Gesamtpaket mit leistungsstärkeren Servern günstiger, weil diese mit weniger Prozessoren (und damit Lizenzen) auskommen. Der *Cisco HyperFlex Systems Ordering and Licensing Guide* [3] informiert auf über fünfzig Seiten rund um die Lizenzierung.

Adressen

Jede Netzkomponente im HyperFlex-Konstrukt hat mindestens eine IP-Adresse. Da viele Komponenten virtuell abgebildet sind, gibt es deutlich mehr Adressen als physische Geräte. Der HyperFlex-Installer wird nach diesen Adressen fragen und das Cluster entsprechend konfigurieren.

Die beiden Fabric Interconnect haben jeweils eine IP-Adresse plus eine zusätzliche Adresse für den UCS-Manager zur Verwaltung des Clusters. Jeder UCS-Server benötigt jeweils eine Adresse für den Zugriff auf die KVM-Konsole. Die Adressen sind grundsätzlich unabhängig von HyperFlex.

In einer neuen Umgebung können diese Adressen im Managementbereich des HyperFlex-Clusters liegen.

Abbildung 2.4 zeigt den Zugang von Hypervisor und Storage-VM in die verschiedenen Netzbereiche. Wenn die Verbindung eine IP-Adresse erfordert, ist dies mit einem Punkt markiert.

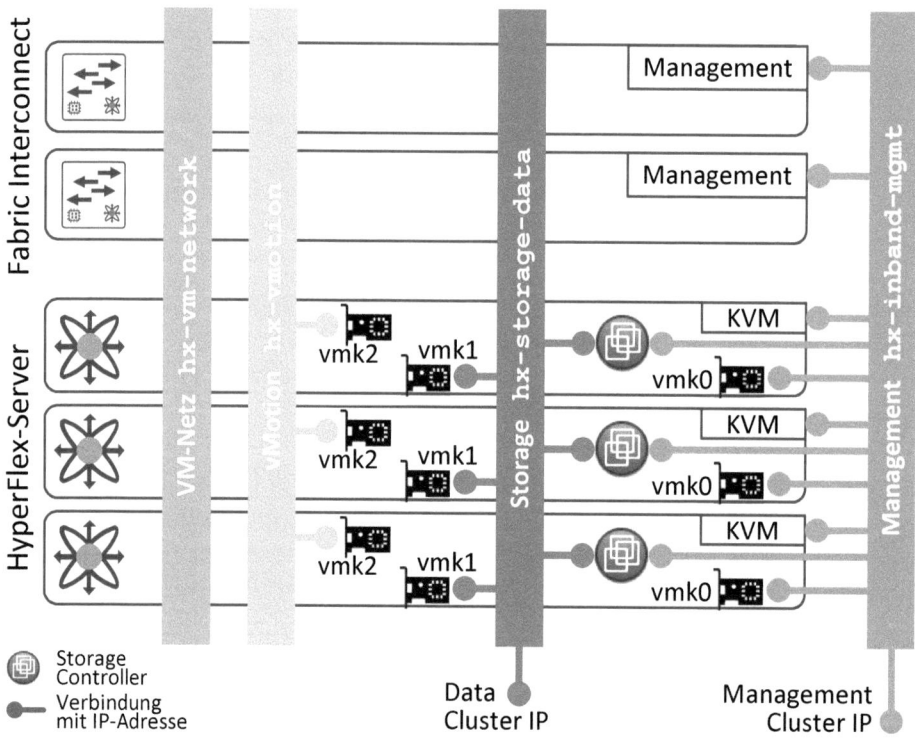

Abbildung 2.4: Welche HX-Komponente benötigt eine IP-Adresse?

Beispielsweise benötigt der Hypervisor vom ersten Server jeweils eine IP-Adresse im Managementnetz, Storage-Netz und im vMotion-Netz. Die Storage-Controller-VM auf diesem Hypervisor benötigt ebenfalls im Managementnetz und im Storage-Netz eine Adresse.

Planung

Vor der Installation des HyperFlex-Clusters liegt der Fokus auf sorgfältiger Planung. Der HyperFlex-Installer wird webbasiert viele Adressen, Namen, VLANs und Berechtigungen abfragen, und daraus ein vollständiges HyperFlex-Cluster erstellen.

Für die eigene Planungsphase stellt Cisco die *Preinstallation Checklist* [4] zur Verfügung. Darin legt der Designer (oder Kunde) fest, wie das zukünftige Cluster konfiguriert werden soll und welche Komponenten bereits vorhanden sind. Gleichzeitig erklärt die Checkliste Hintergründe und prüft Versionsnummern von Hardware und Software.

Jedes der vier logischen Netze im HyperFlex-Cluster benötigt eine VLAN-Nummer. Falls bereits eine VMware-Umgebung mit vMotion im Einsatz ist, können die bestehenden VLAN-IDs verwendet werden. Das erleichtert eine spätere Migration, da VMs ohne Ausfall vom Altsystem ins HyperFlex-Cluster wandern können.

HyperFlex benötigt ein vCenter. Das vCenter verwaltet einzelne Hypervisor-Server, startet und stoppt die VMs und bemüht sich um die Ressourcenverwaltung. Ob HyperFlex ein brandneues vCenter bekommt, oder in ein Bestehendes integriert wird, ist eine Frage von Lizenzen, Versionen und Ressourcen. Für eine Migration der VMs ist es vorteilhaft, wenn die HyperFlex-Server sich in ein bestehendes vCenter gesellen. Möglich ist auch eine Migration *zwischen* zwei unterschiedlichen vCenter-Servern (vgl. Kap. 6). Zuletzt sei erwähnt, dass ein vCenter auch als virtuelle Maschine *im* HyperFlex-Verbund laufen kann. Von diesem Design rät Cisco ab, stellt allerdings eine passende Anleitung bereit [5].

Ein HyperFlex-Cluster lässt sich durch zusätzliche Server nachträglich erweitern. Dieser Ausbau benötigt dann weitere IP-Adressen für die neuen Server. Aus diesem Grund sollte in der Planung der Adressen viel „Luft" eingerechnet werden. Auch wenn die Erweiterung erst Jahre später passiert, werden sich die neuen Server korrekt in die Adressierung einreihen. Das sieht in der Übersicht nicht nur schön aus, sondern erleichtert auch die Fehlersuche.

> **Hinweis**
>
> Zur Planungsphase gehört auch die Dimensionierung von Server und Storage. Dazu hält Kapitel 10 ein paar Tipps bereit.

Die HyperFlex-Server greifen auf Infrastrukturdienste, wie DNS und NTP, zu. Die Namen oder Adressen dieser Dienste, sowie die Zeitzone, benötigt der HyperFlex-Installer für seine Konfiguration.

Labor

Die Beispiele der folgenden Kapitel basieren alle auf einer HyperFlex-Umgebung aus vier *All Flash*-Servern und zwei Fabric Interconnect. Die Konfiguration der IP-Adressen und VLANs ist bewusst einfach gehalten. Tabellen 2.2 und 2.3 listen die verwendeten Netzbereiche und Adressen. Die Server sind aufsteigend adressiert, um eine spätere Zuordnung zu erleichtern.

Die eingesetzte Hardware ist:

- Fabric Interconnect *UCS FI 6332*

- HyperFlex-Server *HXAF220c M5SX*

Der vollständige Laboraufbau mit Details der Verkabelung ist in Abbildung 2.5 auf Seite 30 dargestellt.

Server	Management		Daten-Netz	
	Hypervisor	Storage Controller	Hypervisor	Storage Controller
1	10.6.160.81	10.6.160.181	10.6.161.81	10.6.161.181
2	10.6.160.82	10.6.160.182	10.6.161.82	10.6.161.182
3	10.6.160.83	10.6.160.183	10.6.161.83	10.6.161.183
4	10.6.160.84	10.6.160.184	10.6.161.84	10.6.161.184
	Cluster	10.6.160.180		10.6.161.180
	Netzmaske	255.255.255.0		255.255.255.0

Tabelle 2.2: Adressierung der Hypervisor und Storage Controller

Netz	VLAN	IPv4
hx-inband-mgmt	160	10.6.160.0/24
hx-storage-data	161	10.6.161.0/24
hx-vmotion	200	10.6.200.0/24
hx-vm-network	100	10.6.100.0/24

Tabelle 2.3: Die Netzbereiche und Adressen der Laborumgebung

Zusammenfassung

Cisco HyperFlex besteht physisch aus zwei Fabric Interconnect und auser-wählten UCS-Servern mit vielen Festplatten oder Flash-Laufwerken. Darauf sitzt die Softwareschicht, die alle Speichermedien zu einem großen Data-store zusammenschaltet und den VM-Hosts bereitstellt.

Sobald alle Komponenten vom HyperFlex bekannt sind, kann der HX-Installer in Kapitel 3 die vorhandene Hardware in ein HyperFlex-Cluster verwandeln.

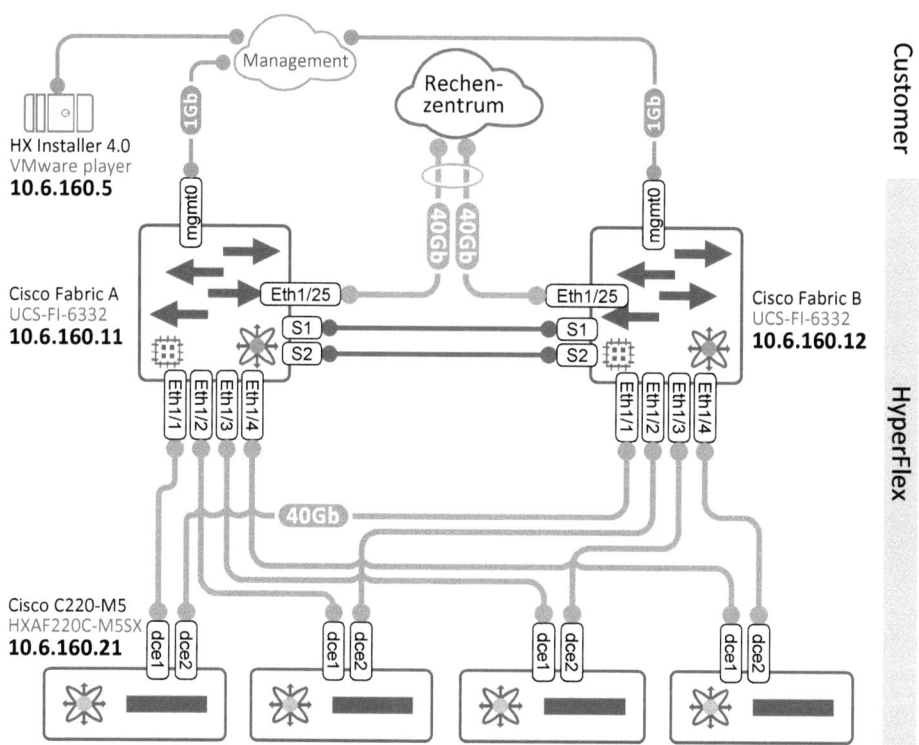

Abbildung 2.5: Das Labornetzwerk als Grundlage für die folgenden Kapitel

Kapitel 3

Installation

Sobald die Server im Rack eingebaut und verkabelt sind, können die ersten praktischen Schritte beginnen. Zuerst benötigt der neue Fabric Interconnect eine Grundkonfiguration. Anschließend entdeckt der FI seine angeschlossenen Server. Danach betankt der HyperFlex-Installer alle Komponenten mit Software und Einstellungen, und übergibt das fertige HyperFlex-Cluster schlüsselfertig.

Fabric Interconnect

Falls die HyperFlex-Server an ein *bestehendes* FI-Pärchen angeschlossen werden, entfällt die Ersteinrichtung und der HyperFlex-Installer benötigt lediglich die Zugangsdaten und IP-Adressen.

Ein brandneuer FI erwartet eine initiale Einrichtung, die ihm eine IP-Adresse und ein Admin-Passwort vergibt. Nach bester Cisco-Manier hat der FI einen seriellen Anschluss für das berüchtigte hellblaue Konsolenkabel. Die Kommunikation funktioniert wie bei einem herkömmlichen Cisco-Router oder Catalyst-Switch.

Wenige Minuten nach dem Systemstart meldet sich der FI per Konsole und bietet einen Konfigurationsdialog an. Das folgende Frage-und-Antwort-Spiel erkundigt sich nach:

- Passwort. Der Benutzername *admin* ist vorgegeben.

- Wird dieser FI Teil eines Clusters? Falls ja, entsteht Fabric A oder B?

- Hostname. Der Installer wird dem gewählten Hostnamen automatisch den Buchstaben A oder B anhängen. Aus *fi-cgn-dc* wird *fi-cgn-dc-A*.

- IP-Adresse, Netzmaske, Gateway, Cluster-IP, DNS-Server.

Danach präsentiert der FI die gewählten Einstellungen und fragt, ob er die Konfiguration jetzt anwenden soll. Nach einem bestätigenden yes und einer einminütigen Wartezeit sollte die vergebene IP-Adresse erreichbar sein.
Die Einrichtung des zweiten FI ist sogar noch einfacher. Denn anhand der Heartbeat-Kabel (Abbildung 2.2 auf Seite 23) erkennt das Gerät einen benachbarten FI und fragt, ob beide ein Cluster bilden sollen. Dann fehlen nur noch die IP-Einstellungen und die abschließende Bestätigung.

Beide FI haben ihre Konfiguration erhalten und formen ein Cluster. Nach wenigen Minuten haben sich die Geräte geeinigt und ihre Rollen angenommen. Mit der bestehenden Konsolenverbindung lässt sich der Status per Kommando prüfen:

```
fi-cgn-dc-A# show cluster state
Cluster Id: 0x7c93e180061e11ea-0x9d42a8b456f612f7

A: UP, PRIMARY
B: UP, SUBORDINATE

HA NOT READY
No device connected to this Fabric Interconnect
```

Sobald Fabric Interconnect A und B beide im Status UP sind, kann die Konfiguration per UCS-Manager beginnen.

UCS-Manager

Der *UCS-Manager* ist die webbasierte Konfigurationsoberfläche des FI-Clusters und der angeschlossenen Server. Der Zugriff im Browser erfolgt auf die IP-Adresse des Clusters. Die Zugangsdaten bestehen aus dem Benutzernamen *admin* und dem oben gewählten Kennwort. Die Vorbereitung im UCS-Manager besteht aus dem Einrichten der Ethernetports, sowie dem Bereitstellen der Server.

Der UCS-Manager vereinfacht die Konfiguration der Ethernetports, denn die einzelnen Ports können den Typ *Server Port* oder *Uplinkport* annehmen[1]. Die Auswahl erfolgt im UCS-Manager bei *Equipment* unter *Fabric Interconnects* → *Fabric Interconnect A (primary)*. Dort ist der FI grafisch dargestellt, wie Abbildung 3.1 zeigt. Mit einem Rechtsklick auf den gewünschten Anschluss lässt sich der Porttyp festlegen. Die gezeigten vier Ports sollen Serverports werden.

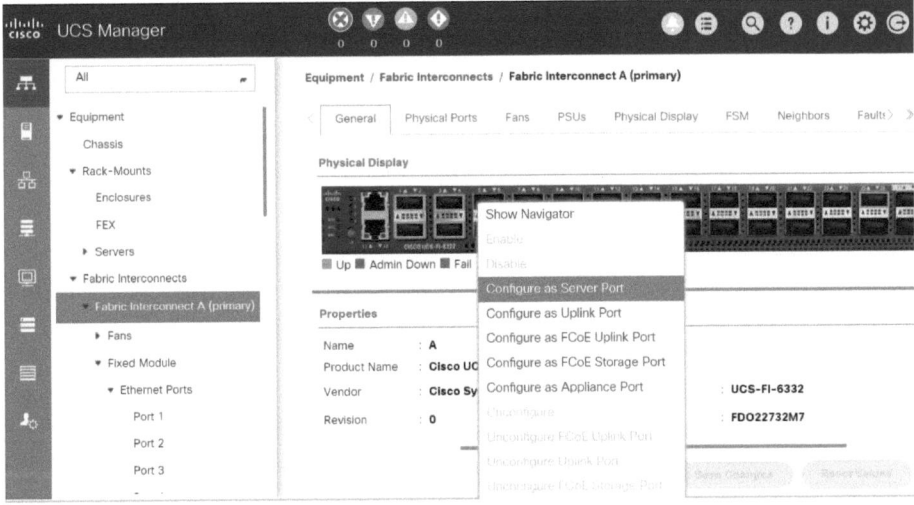

Abbildung 3.1: Konfiguration der Ethernetports im UCS-Manager

Anschließend wird der FI selbstständig tätig und unterhält sich mit seinen neuen Nachbarn. Nach einer Vorstellungsrunde haben sich alle kennengelernt. Der UCS-Manager zeigt unter *Equipment* → *Rack-Mounts* → *Servers* die neuen Maschinen im Status *unassociated* (Abbildung 3.2 auf der nächsten Seite).

Die weitere Konfiguration von UCS-Manager, Server und Fabric Interconnect erledigt der HyperFlex-Installer.

---

[1]Die weiteren Typen *FCoE Uplink Port*, *FCoE Storage Port* und *Appliance Port* werden in diesem Szenario nicht benötigt

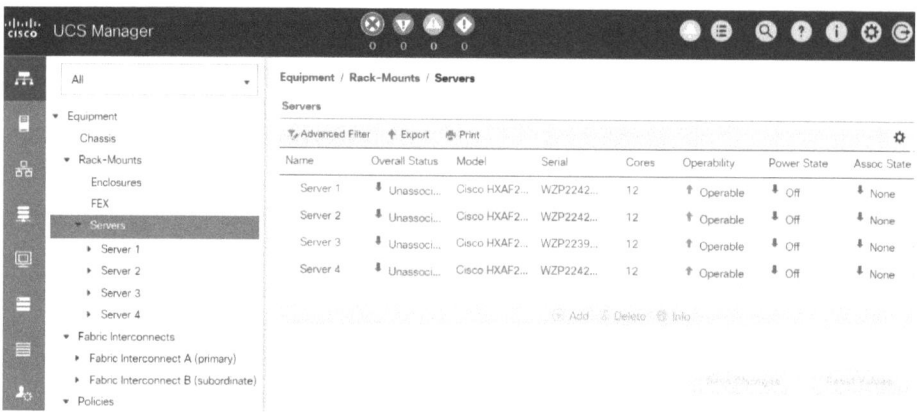

Abbildung 3.2: Der UCS-Manager hat die Server entdeckt

UCS-Server

Im besten Fall kommen die HyperFlex-Server mit einem vorinstallierten Hypervisor. Dann sind die Server bereits vorbereitet für die kommende Tätigkeit als HyperFlex-Arbeiter.

Wenn die Server ohne Betriebssystem dastehen, aus einem anderen Hyper-Flex-Cluster stammen oder einfach nur die falsche Version haben, muss ein frisches ESXi drauf. Die Installation von ESXi erledigt *nicht* der HX-Installer.

> **Achtung**
>
> Für die Installation von ESXi auf einem HyperFlex-Server stellt Cisco ein angepasstes Installationsmedium bereit.

Die Installationssoftware für ESXi bietet Cisco im eigenen Download-Portal im Bereich *HyperFlex HX Data Platform* an. Die passende Datei hat den Titel *CISCO HX Custom Image for ESXi*, gefolgt von der Versionsnummer und dem Hinweis *install-only*.

Für die Installation wird Zugriff auf die KVM-Konsole des Servers benötigt. Darüber lässt sich das Installations-ISO als DVD-Image einhängen, der Server neu starten und per F6-Taste von DVD booten. Bei richtiger Vorbereitung meldet sich der *HyperFlex ESXi*-Installer (Abbildung 3.3). Die Installation beginnt erst nach der manuellen Eingabe der Buchstaben ERASE.

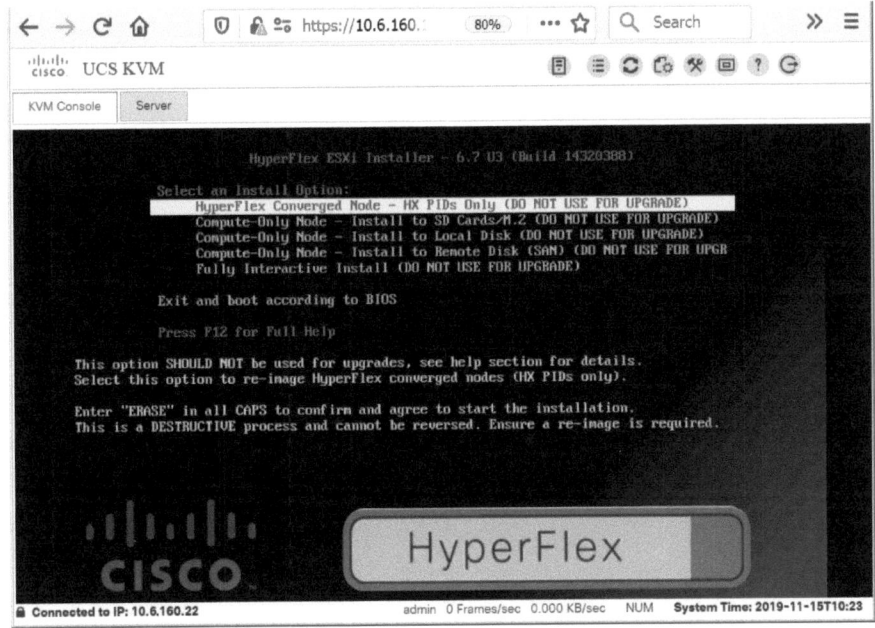

Abbildung 3.3: HyperFlex ESXi Installer

Die beginnende Installation läuft vollständig automatisiert ab. Der Installer bringt das Betriebssystem und die Cisco-spezifischen Treiber auf das interne Laufwerk, wählt ein root-Kennwort und bootet zuletzt das fertige ESXi.

vCenter

Für das HyperFlex-Cluster muss ein vCenter her. Die HyperFlex-Server können auch nachträglich in ein vCenter aufgenommen werden, falls (noch) keins bereitsteht. Der Aufwand ist geringer, wenn der HyperFlex-Installer das vCenter kennt und die neuen Hosts automatisch hinzufügt.

Hinweis

Der HX-Installer fügt dem angegebenen vCenter im Hintergrund ein *Client Plug-in* hinzu. Darüber kommuniziert das vCenter später mit dem *HyperFlex Connect*.

Für die Installation benötigt der HX-Installer die Zugangsdaten und den Namen vom vCenter-Server.

Versionen

Für die erfolgreiche Zusammenarbeit aller Komponenten empfiehlt Cisco bestimmte Versionsstände [6]. Die Versionen beziehen sich auf HyperFlex, die Firmware von Fabric Interconnect und Server, sowie den Hypervisor. Die korrekte Version *aller* Systeme ist ebenfalls wichtig im Fehlerfall, damit der TAC-Case zügig gelöst werden kann.

Eine Übersicht der installierten Versionen liefert der UCS-Manager unter *Equipment → Firmware Management*. Abbildung 3.4 zeigt auszugsweise die Firmwarestände der Labor-Geräte.

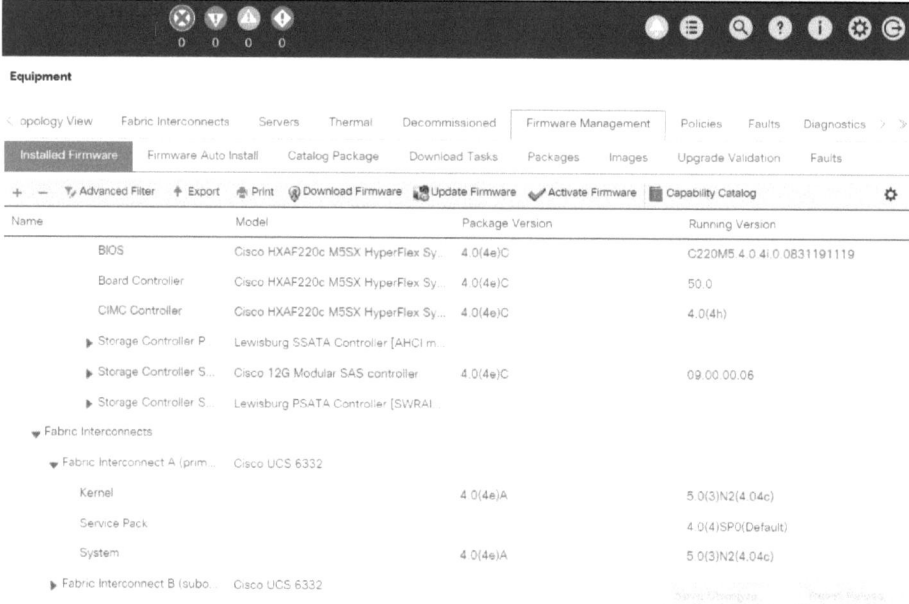

Abbildung 3.4: Firmwarestände der UCS-Umgebung

Wenn sich die Firmware der beteiligten Geräte unterscheiden oder eine nichtunterstützte Version aufweisen, muss vorher der betroffene Teilnehmer auf den richtigen Stand gebracht werden.

> **Achtung**
>
> Vorsicht beim Update und Reboot des FI, falls produktive Server ange-
> schlossen sind.

HyperFlex Installer

Damit ist die Vorbereitung abgeschlossen und der *Cisco HX Data Platform Installer* (kurz: HX-Installer) darf aus den einzelnen Bauteilen eine hyper-konvergente Infrastruktur erschaffen.

Der HX-Installer kommt als OVA-Datei aus dem Download-Portal von Cisco. Die OVA-Datei lässt sich in einer VMware-Plattform importieren und be-treiben. Dazu eignet sich ein ESXi-Host oder VMware Workstation. Die verwendete Maschine muss die HyperFlex-Komponenten per IP-Verbindung erreichen können. Nach der Installation wird die importierte VM nicht mehr benötigt.

Vor dem Importvorgang erkun-digt sich der Wizard nach der IP-Adresse der neuen VM, über die der webbasierte Installer er-reichbar sein soll. Nach dem er-folgreichen Import bootet die VM und meldet sich mit ih-rer IP-Adresse und Web-URL in der KVM-Konsole. Abbildung 3.5 zeigt die Erstanmeldung mit den Zugangsdaten `root` und dem Ini-tialkennwort `Cisco123`.

Welchen „Workflow" soll der In-staller starten? Cluster erstellen oder Cluster erweitern? Das be-schriebene Setup benötigt die Op-tion *Create Standard Cluster*.

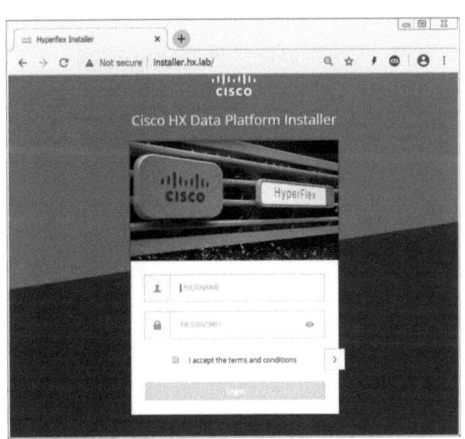

Abbildung 3.5: Cisco HX-Installer

Danach beginnt die Fragerei, denn der HX-Installer möchte alles wissen, was in den vorherigen Abschnitten behandelt wurde.

37

Hinweis

Bei der Auswahl von IP-Adressen empfehlen sich zusammenfassbare IP-Bereiche. Damit lassen sich später einfacher Firewallregeln formulieren (vgl. Kap. 7) und Routen konfigurieren.

Der erste Schritt *Credentials* verlangt die Zugangsdaten zum UCS-Manager und zum vCenter-Server. Der HX-Installer verbindet sich mit den beiden Systemen und schlägt im nächsten Schritt *Server Selection* die verfügbaren Server vor (Abbildung 3.6). Hier lassen sich die entsprechenden Server auswählen. Die Reihenfolge lässt sich mit der Maus verändern, damit die Liste mit den montierten Servern im Rack übereinstimmt.

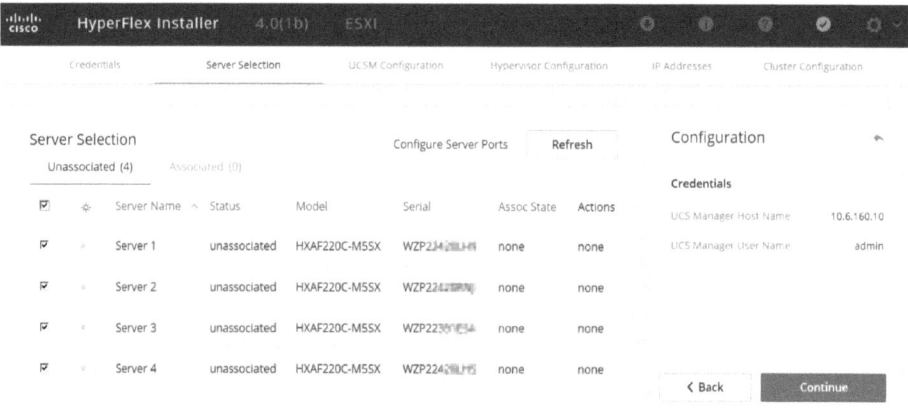

Abbildung 3.6: Welche Server sollen HyperFlex werden?

Im folgenden Schritt *UCSM Configuration* fordert der Installer die VLANs für die vier Netzbereiche (vgl. Seite 23) und einen unbenutzten MAC-Adress-Pool (Abbildung 3.7). Hier ist Vorsicht geboten, wenn bereits eine UCS-Umgebung in der Nähe ist.

Im unteren Teil der Webseite erwartet der Installer einen zusammenhängenden IP-Block für den KVM-Zugang der UCS-Server. Im letzten Teil dieses Schritts fragt der Installer nach einem Namen für das Cluster und einen weiteren Namen für die Organisation. Der *HyperFlex Cluster Name* taucht später im UCS-Manager bei den Servern als *User Label* auf. Der *Org Name*

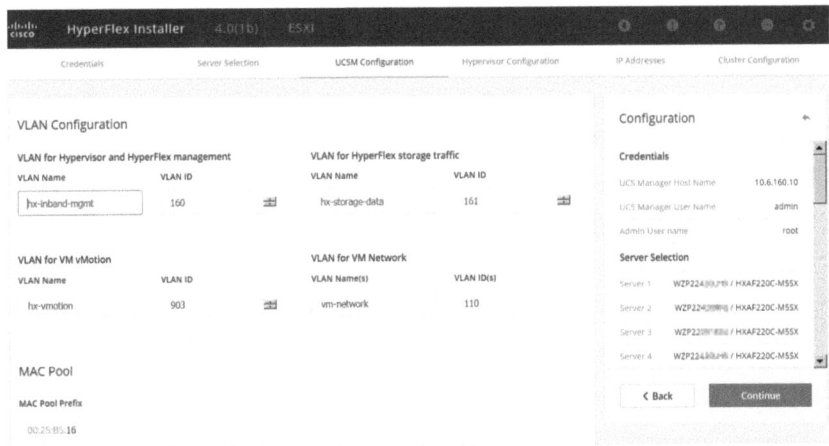

Abbildung 3.7: VLAN-Konfiguration der neuen HyperFlex-Umgebung

wird im UCS-Manager zum Namen der Sub-Organization. Abbildung 3.8
zeigt die beiden Namen nach der fertigen Einrichtung im UCS-Manager.
Wenn der HX-Installer mit den gewählten Einstellungen zufrieden ist, führt
der nächste Schritt *Hypervisor Configuration* zurück zu den Servern. Welcher Hostname und welche IP-Adresse soll jeder einzelne Server erhalten?
Freundlicherweise führt der Installer die Tabelle weiter, sobald der erste
Server benannt ist (Abbildung 3.9 auf der nächsten Seite). Weiter unten
auf derselben Seite erhält der Zugang zum Hypervisor ein besseres `root`-
Kennwort.

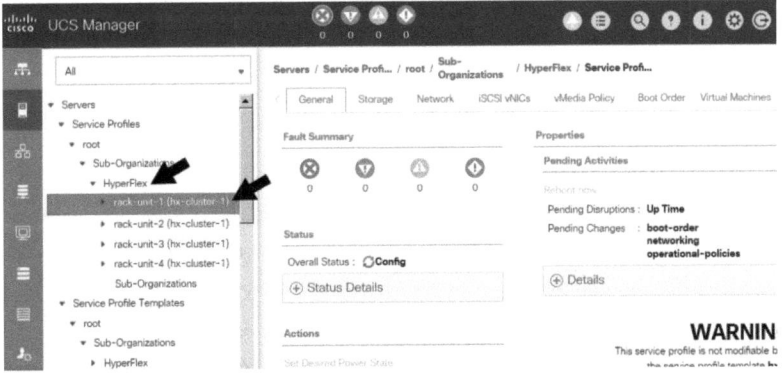

Abbildung 3.8: Org Name *HyperFlex* und Cluster Name *hx-cluster-1*

39

Der folgende Schritt *IP Addresses* fragt erneut nach IP-Adressen für die Server. Die Adressen der ersten Spalte *Hypervisor* entsprechen dem vorherigen Schritt. Neu hinzu kommt die Adressierung des Storage Controllers im Management- und Daten-VLAN, wie in Abschnitt *Adressen* auf Seite 25 beschrieben.

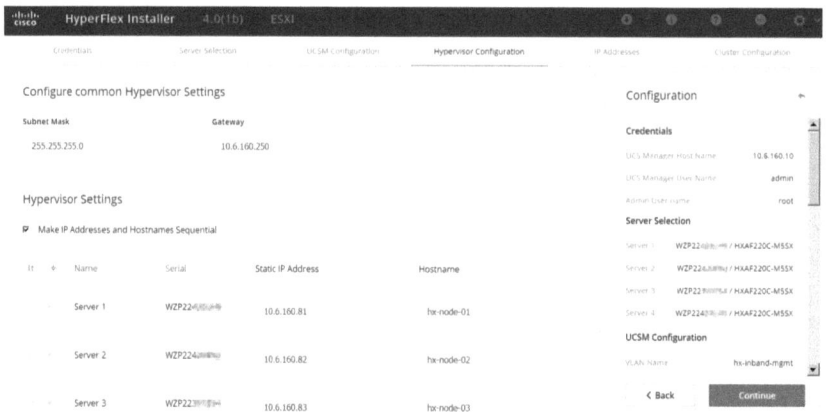

Abbildung 3.9: Die Hypervisor erhalten Namen und IP-Adressen

In Abbildung 3.10 erhalten der Hypervisor und Storage Controller jedes einzelnen Servers eine separate IP-Adresse. Alle Storage Controller bilden zusammen ein Cluster, welches ebenfalls in beiden VLANs eine weitere IP-Adresse benötigt. Über diese Adresse wird später der HyperFlex-Storage verwaltet.

IP Addresses

Add Server

☑ Make IP Addresses Sequential

↓↑	◇	Name^	Management - VLAN 160		Data - VLAN 161 (FQDN or IP Address)	
			Hypervisor ⓘ	Storage Controller ⓘ	Hypervisor ⓘ	Storage Controller ⓘ
	⁘	Server 1	10.6.160.81	10.6.160.181	10.6.161.81	10.6.161.181
	⁘	Server 2	10.6.160.82	10.6.160.182	10.6.161.82	10.6.161.182
	⁘	Server 3	10.6.160.83	10.6.160.183	10.6.161.83	10.6.161.183

Abbildung 3.10: Hypervisor und Storage Controller benötigen IP-Adressen

Wenn die IP-Adressen stimmig sind, führt der letzte Schritt zur *Cluster Configuration*. Der benötigte *Cluster Name* taucht später im *HyperFlex Connect* als Titel auf. Der *Replication Factor* von 3 gibt an, dass jeder Datenblock insgesamt dreimal auf den Festplatten liegt. Beim Ausfall von zwei Festplatten entsteht damit noch kein Datenverlust.

Zuletzt benötigt der Installer noch ein starkes Passwort für den späteren Zugang auf die Controller-VM, organisatorische Angaben zum vCenter, DNS- und NTP-Server.

Damit ist die Konfiguration beendet und der *Continue*-Button hat sich in einen *Start*-Knopf verwandelt, der sogleich die Installation anstößt. Die folgenden Arbeitsschritte durchläuft der HX-Installer ohne weitere Interaktion und berichtet seinen Fortschritt im Browserfenster. Lediglich im Fehlerfall bleibt die Installation hängen und benötigt administrative Betreuung.

Hinweis

Die gewählten Einstellungen lassen sich über den Button *Export Configuration* als JSON-Datei abspeichern und für zukünftige Installationen verwenden.

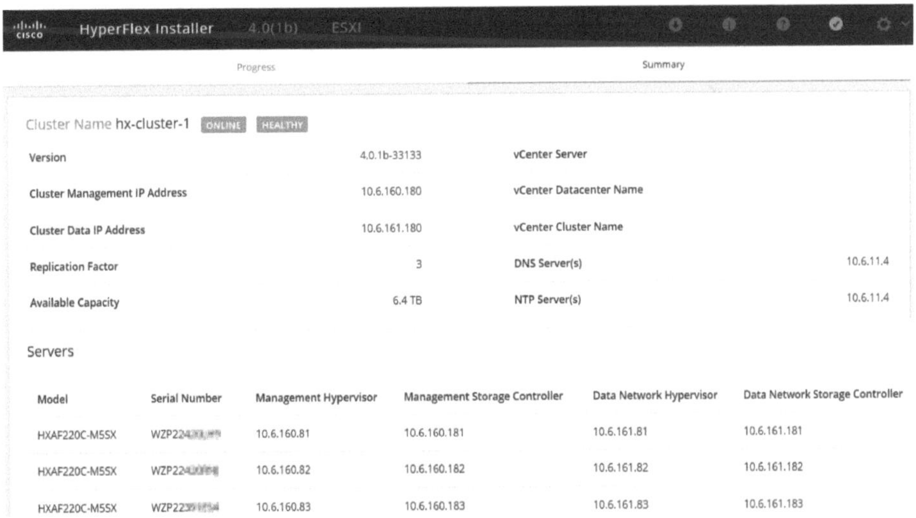

Abbildung 3.11: Der HyperFlex-Installer zeigt sein Ergebnis

Wenn bei der Installation ein gravierender Fehler auftritt oder der HX-Installer irgendwo „hängen bleibt", kann die Installation abschnittsweise wiederholt werden. Dazu gibt es am Anfang die Option *I know what I'm doing, let me customize my workflow*, welche einzelne Teilabschnitte des Installers anbietet.

Im besten Fall laufen die drehenden Kreise ohne weitere Unterbrechung durch und präsentieren nach mehreren Stunden schließlich ein fertiges HyperFlex-Cluster (Abbildung 3.11).

Post-Install

Den letzten Schritt der Installation hat Cisco nicht in die Web-UI eingebaut, sondern ein Kommandozeilen-Skript verwendet. Dieses liegt im Dateisystem des HX-Installers und erfordert eine Anmeldung via SSH oder über die Textkonsole. Nach dem Start von `post_install` möchte das Skript ein neues Cluster einrichten oder ein bestehendes Cluster erweitern. Danach kommt die Fragerunde nach IP-Adressen, vCenter-Server, UCS-Manager und Zugangsdaten (Abbildung 3.12).

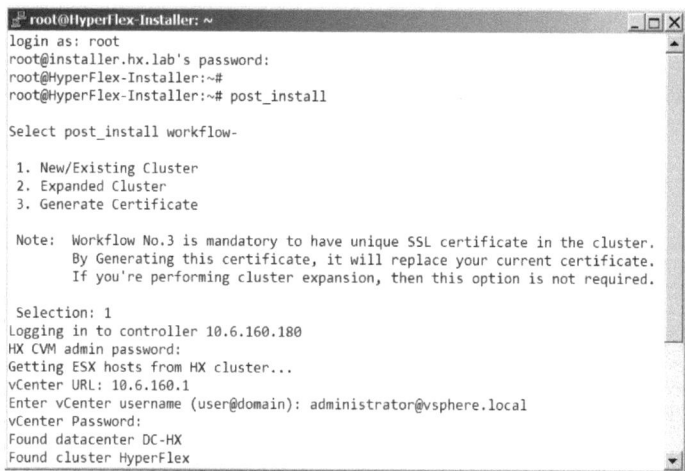

Abbildung 3.12: Das `post_install`-Skript schließt die Installation ab

Nach erfolgreichem Ablauf prüft das Skript seine Ergebnisse und beendet sich mit einer Zusammenfassung des erstellten oder erweiterten Clusters.

Kontrolle

Nachdem der Installer mit vielen grünen Kreisen sein Ergebnis vorführt, folgt die Erfolgskontrolle. Sind alle Komponenten vorhanden? Das Ergebnis vom Installer lässt sich in den verschiedenen Umgebungen nachprüfen:

- UCS-Manager. Der Status der Server aus Abbildung 3.2 sollte sich in *OK* geändert haben.

- UCS-Manager. Unter *Servers → Service Profiles → root → Sub-Organizations* sollte jetzt der Cluster-Name auftauchen und die korrekte Anzahl an Servern enthalten (Abbildung 3.8).

- vCenter. Unter *Hosts and Clusters* sollten die neuen HyperFlex-Server als ESXi-Hosts auftauchen.

- vCenter. Unter *VMs and Templates* stehen neue VMs mit dem Namenspräfix *stCtlVM*. Die erwartete Anzahl richtet sich nach der Anzahl der HyperFlex-Server, denn auf jedem HX-Knoten läuft exakt *eine* Storage-VM.

- vCenter. Über ein Plug-in kommuniziert das vCenter mit den Storage-Controllern (Abbildung 3.13). Ob das funktioniert, zeigt der vSphere-Flash-Client unter *Global Inventory Lists → Resources*[2].

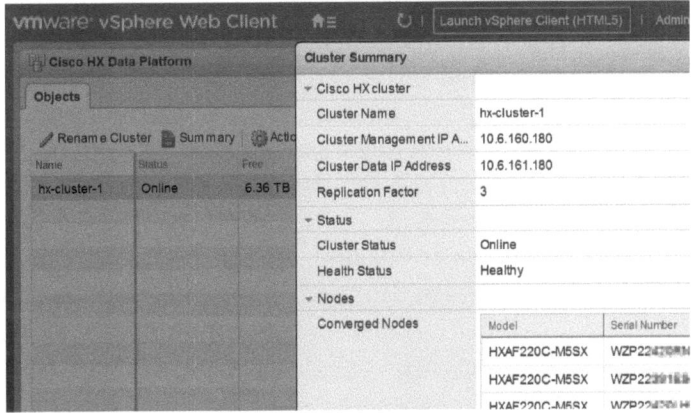

Abbildung 3.13: Das vCenter-Plug-in sieht das HyperFlex-Cluster

---

[2]Das Plug-in ist inkompatibel mit dem vSphere-HTML-Client. Stand: HyperFlex 4.0(1b)

- HyperFlex Connect. Die Cluster-IP-Adresse der Storage-Controller hält eine Webseite bereit, die Einblick in die HyperFlex-Umgebung bietet. Sind alle Server mit ihren Laufwerken aufgelistet? Abbildung 3.14 zeigt die Oberfläche eines frisch installierten Clusters.

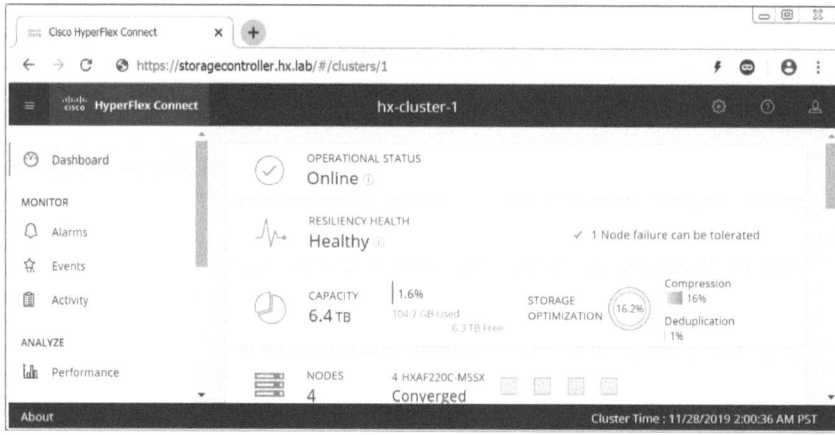

Abbildung 3.14: Das Dashboard von *HyperFlex Connect*

Zusammenfassung

Der HyperFlex-Installer kümmert sich um nahezu alle Details einer erfolgreichen Installation. Aber er benötigt Vorbereitung: Die beiden Fabric Interconnect müssen ein Cluster bilden, der UCS-Manager muss die Server erkannt haben, auf den Servern muss ein frisches ESXi laufen, ein vCenter muss bereitstehen und zuletzt müssen von allen Bauteilen die Versionsnummern zueinander kompatibel sein.

Wenn diese Voraussetzungen erfüllt sind, erfragt der Installer die Konfigurationsparameter, wie IP-Adressen, Hostnamen und Zugangsdaten. Mit diesen Informationen loggt sich der Installer im Hintergrund in die Maschinen ein, legt Profile an, erstellt neue VMs, konfiguriert diese und präsentiert zuletzt sein Tagwerk.

Die Umgebung ist fertig und in Kapitel 4 erhalten die ESXi-Hosts ihren neuen hyperkonvergenten Datastore.

Kapitel 4

Einrichtung

Der HyperFlex-Installer ist fertig und hat eine hyperkonvergente Infrastruktur hinterlassen. Zu den bekannten Komponenten vCenter, ESXi und UCS spendiert Cisco eine weitere Methode, um die HyperFlex-Systeme zu bedienen.
Im Tagesgeschäft wird der *vSphere Client* das bevorzugte Werkzeug bleiben, da es Zugriff auf alle VMs hat und über das HyperFlex-Plug-in auch Einblick in den Datastore bekommt.

HyperFlex Connect

Unter dem Titel *HyperFlex Connect* präsentieren die Storage-Controller eine Weboberfläche. Der Zugriff erfolgt nicht auf eine einzelne Controller-VM, sondern auf die Cluster-Adresse, die der Installer – nebst Zugangsdaten – in Schritt *IP Addresses* abgefragt hat.

Die Webseite begrüßt mit dem *Dashboard*, welches eine Kurzübersicht des HX-Clusters bietet. Abbildung 3.14 auf der vorherigen Seite zeigt die Demo-Umgebung aus vier Servern vom Typ HXAF220c. Die Funktionsbereiche am linken Rand sind überschaubar und beinhalten alle wesentlichen Themen.
Wichtige Nachrichten und Alarme tauchen in der Titelzeile auf. Später sind diese Meldungen unter *Monitor → Alarms* archiviert.

Achtung

Alarme zum Datastore, zu den Festplatten oder HX-Servern sind ernsthafte Warnungen, da sie das Herz der gesamten Installation darstellen. Ein ignorierter Alarm kann fatale Folgen für alle virtuellen Maschinen haben.

Im ersten Schritt wird unter *Manage* → *Datastores* ein neuer Speicherplatz für die virtuellen Maschinen erstellt. Der Button *Create Datastore* informiert sich nach der Größe und dem Namen und legt sogleich den neuen Speicherbereich an. Ohne weiteres Zutun wird der neue Datastore auch im vCenter sichtbar und steht allen VMs zur Verfügung. Ein einzelner Datastore ist ausreichend, da sein Inhalt gleichmäßig über alle HX-Server verteilt wird. Abbildung 4.1 zeigt den neuen Datastore im Status *mounted*.

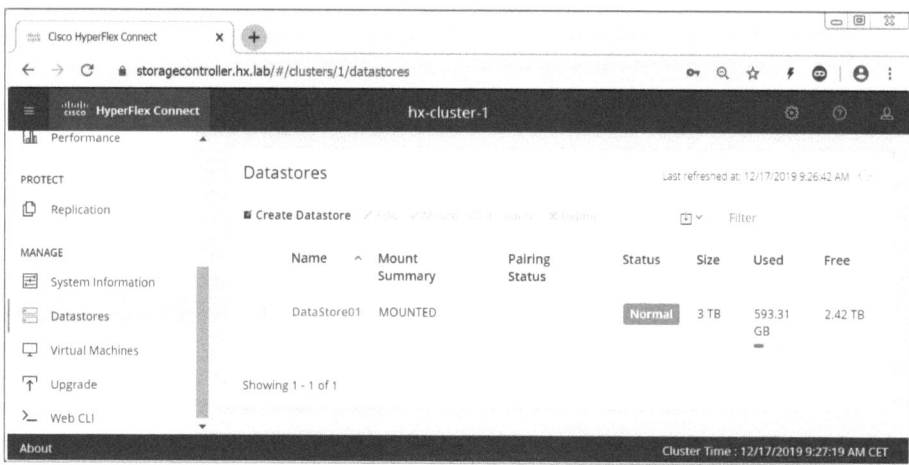

Abbildung 4.1: *HyperFlex Connect* verwaltet die Datastores

Damit ist die Ersteinrichtung im HyperFlex Connect abgeschlossen. Im laufenden Betrieb sind die Leistungswerte unter *Analyze* → *Performance* aufschlussreich, denn sie zeigen das Lastverhalten der Speicherumgebung.

Die erste VM entsteht

Im vCenter kann jetzt eine neue virtuelle Maschine erstellt werden. Die Vorgehensweise unterscheidet sich nur im Datastore von dem üblichen Ablauf. Wenn der Wizard den Speicherplatz wissen möchte, lautet die korrekte Antwort: der Datastore des HX-Clusters. Die VM benötigt keinen Einblick in die hyperkonvergente Infrastruktur und funktioniert ohne speziellen Festplattencontroller.

In Abbildung 4.2 verwendet die VM den Datastore *DataStore01* und bezieht damit ihr Bootlaufwerk aus dem HyperFlex-Storage.

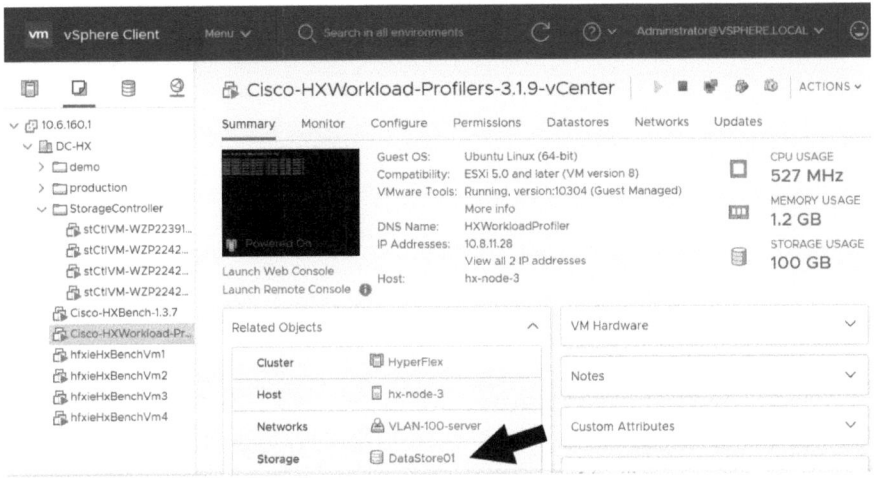

Abbildung 4.2: Die virtuelle Maschine nutzt den HyperFlex-Datastore

Mit der Migration von virtuellen Maschinen aus einem bestehenden vCenter beschäftigt sich Kapitel 6.

Updates

An dieser Stelle empfiehlt sich ein Update auf die letzte stabile Version, denn noch ist der Datastore leer und die Server tragen keine VMs. Ein Reboot der Server erfolgt schneller und ist unkritisch.

Um das Update kümmert sich die *HyperFlex Connect*-Webseite. Die Dateien stellt Cisco im eigenen Download-Portal bereit. Bei der Auswahl ist Vorsicht geboten, denn die Software unterscheidet nach *Erst*installation und Update. Der Update-Prozess unterteilt sich in drei Bereiche, die unabhängig voneinander sind:

- UCS Server Firmware. Neuerungen für die Server müssen vorab per UCS-Manager auf den internen Speicher kopiert werden. Danach kann die HX-Connect-Webseite unter *Manage → Upgrade* die Firmware „entdecken" und installieren (Abbildung 4.3).

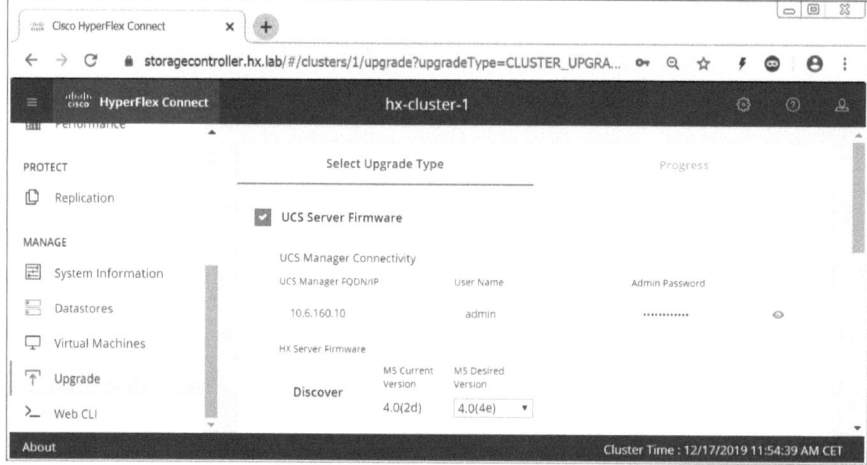

Abbildung 4.3: *HyperFlex Connect* startet ein Update der UCS Server

Beispieldatei: `ucs-k9-bundle-c-series.4.0.4e.C.bin`

- HX Data Platform. Die Software für die Storage Controller kommt als großes Tarball. Die HX-Connect-Webseite empfängt die Software als reguläres Update und startet anschließend die Installation. Beispieldatei: `storfs-packages-4.0.1b-33133.tgz`

- ESXi. Das Betriebssystem der Hypervisor wird ebenso aktualisiert wie die HX Data Platform. Zusätzlich benötigt die Webseite die Zugangsdaten zum vCenter. Beispieldatei:

`HX-ESXi-6.7U2-13473784-Cisco-Custom-6.7.2.2-upgrade-bundle.zip`

Zusammenfassung

Wenn der HyperFlex-Installer fertig ist, bleibt für die weitere Einrichtung kaum noch etwas übrig. Über die Webseite *HyperFlex Connect* kann ein Datastore angelegt werden, der sich über alle HX-Server erstreckt. Dieser Datastore steht dann automatisch allen VM-Hosts zur Verfügung und die virtuellen Maschinen dürfen sich daran bedienen.

Damit ist die HyperFlex-Infrastruktur grundsätzlich einsatzbereit und Kapitel 5 wird zeigen, wie robust das System ist, wenn Laufwerke und Server ausfallen.

Kapitel 5

Ausfallschutz

Alle HyperFlex-Komponenten sind redundant ausgelegt. Damit kann ein beliebiges Bauteil ausfallen, ohne dass die Gesamtfunktion eingeschränkt wird oder Datenverlust droht. Je nach Anzahl und Ausstattung der Server dürfen auch mehrere Teile gleichzeitig ausfallen.

In allen Fällen ist es wichtig, dass die Störung entdeckt und Ersatz beschafft wird. Andernfalls werden sich die Anwender melden, wenn ihre Dienste unerreichbar sind.

Die zentrale Anlaufstelle für Alarme dieser Art ist *HyperFlex Connect*. Dort laufen die Meldungen zusammen und zeigen sich prominent in der Titelzeile. Durch die offene Programmierschnittstelle ist es ebenfalls möglich, die Umgebung mit einem externen Monitoringsystem zu beobachten (vgl. Kap. 9).

Wie viele Server und Festplatten gleichzeitig ausfallen dürfen, verrät die HX-Connect-Webseite im Dashboard beim Klick auf das Gesundheits-Icon. In Abbildung 5.1 zeigt der *Resiliency Health*, dass *ein* Server, *zwei* Daten-Laufwerke und *zwei* Cache-Laufwerke den Geist aufgeben dürfen.

Dieses Kapitel demonstriert, wie sich die HyperFlex-Infrastruktur verhält, wenn es zum Teilausfall kommt.

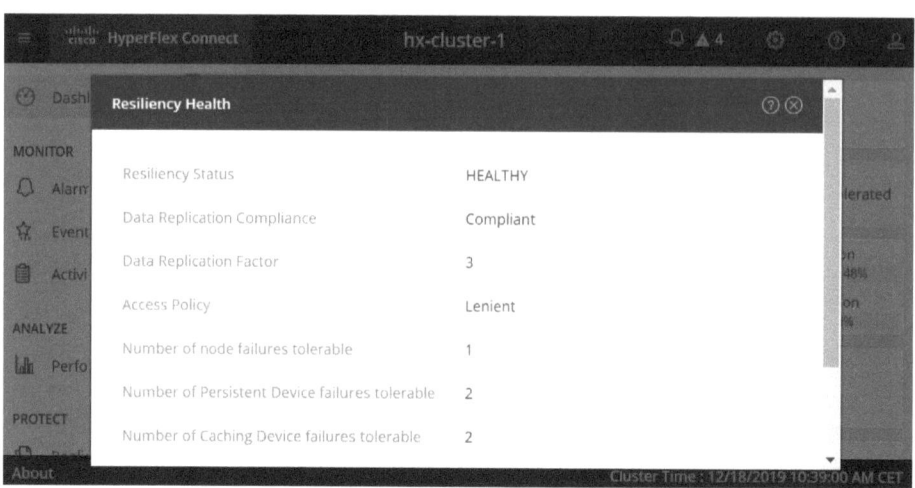

Abbildung 5.1: Wie viele Festplatten und Server dürfen gleichzeitig ausfallen?

Datenträger

Der häufigste Fehlerfall ist eine defekte Festplatte. Cisco unterscheidet zwischen einem Daten-Laufwerk und einem Cache-Laufwerk. Sobald eins dieser Laufwerke ausfällt oder fehlerhaft arbeitet, wird der lokale Storage-Controller diesen Zustand bemerken und handeln. Er markiert das Laufwerk als defekt, führt darauf keine Schreib-/Lese-Operationen mehr aus und meldet den Fehler an den Cluster-Meister.

Der Cluster-Controller würdigt den Alarm mit einem roten Eintrag auf der HX-Webseite (Abbildung 5.2) und leitet die Meldung auch an das vCenter weiter. Der Cluster ist in einem ungesunden Zustand, denn der Replikationsfaktor von 3 wird nicht mehr erreicht. Die Blöcke auf dem defekten Daten-Laufwerk sind nicht mehr dreimal im gesamten Storage-Pool vorhanden, sondern nur noch zweimal. Die fehlenden Kopien befinden sich unzugänglich auf dem kaputten Laufwerk.

Kurz darauf startet der Controller einen Prozess zum Ausgleichen des defekten Laufwerks. Prinzipiell erstellt der Prozess weitere Kopien von den Datenblöcken, die sich nicht mehr *in compliance* befinden und verteilt sich auf die verbleibenden Laufwerke. Je nach Größe und Füllstand des defekten Bauteils dauert dieser Vorgang mehrere Minuten. Anschließend

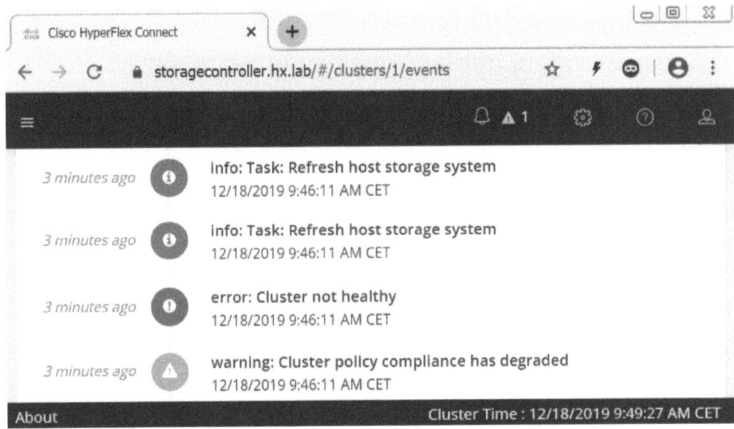

Abbildung 5.2: Der Storage-Cluster reagiert auf ein defektes Laufwerk

ist die Richtlinie wieder erfüllt und das Cluster vermeldet in Abbildung 5.3 stolz: *Healthy*.

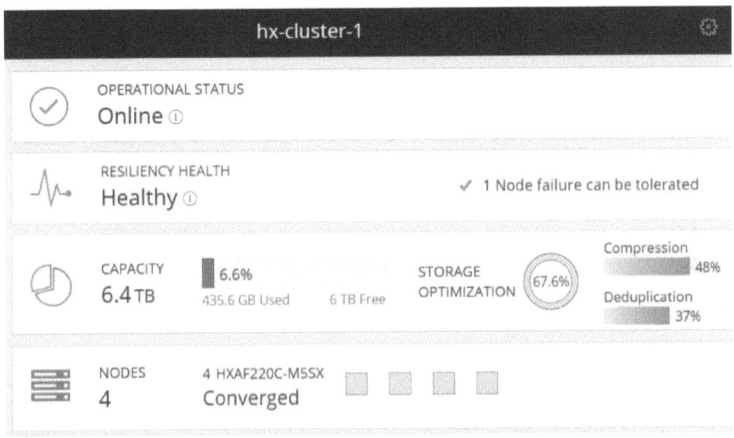

Abbildung 5.3: *HyperFlex Connect* ist gesund

Die grünen Symbole täuschen über die tatsächliche Situation hinweg, denn dieser Zustand ist gefährlich! Er vermittelt den Eindruck, dass alles in Ordnung ist und kein Handlungsbedarf besteht. Selbst beim Ausfall weiterer Laufwerke wird das Cluster nach dem Daten-Ausgleich sich selber als *gesund* bezeichnen.

An dieser Stelle muss das Monitoring-Team auf die Warnungen über defekte Festplatten reagieren und mit der Entstörung beginnen.

Achtung

Ein robuster Storage-Pool ersetzt kein Monitoring. Der Ausfall von Laufwerken muss unabhängig erkannt und berichtet werden (vgl. Kap. 9).

Sobald ein Ersatzlaufwerk beschafft ist, beginnt der Austausch. Theoretisch ist der Ablauf einfach: Defektes Laufwerk finden, rausziehen und das neue Laufwerk einschieben. Der Server erkennt den Austausch automatisch und der Storage-Controller nimmt den neuen Datenträger in Betrieb.

In der Praxis gestaltet sich der Vorgang etwas schwieriger, denn zuerst muss die richtige Festplatte im betroffenen Server lokalisiert werden. Eine sichere Vorgehensweise dazu beschreibt Kapitel 10.

Fataler Ausfall

In einer Laborumgebung lässt sich ein fataler Fehler durchspielen, bei dem mehr Festplatten ausfallen, als das Cluster toleriert. Der Defekt wird dabei nur simuliert und das entsprechende Laufwerk aus dem Server gezogen. Nachdem mehrere Datenträger auf diese Weise das Servergehäuse verlassen haben, können die Storage-Controller die drohenden Datenverluste nicht mehr ausgleichen und schalten das Cluster aus. Die Webseite zeigt in Abbildung 5.4 den neuen Status prominent im Dashboard.

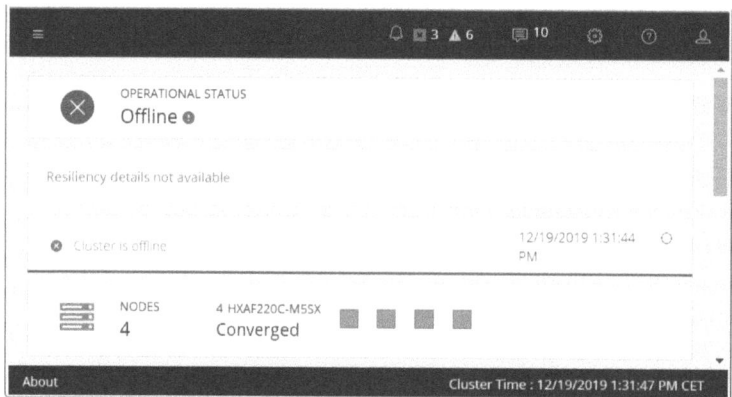

Abbildung 5.4: Das HyperFlex-Cluster ist offline

Mit diesem Verhalten schützen die Storage-Controller die Konsistenz des verteilten Dateisystems. Denn jetzt können Blöcke im Datastore nicht verändert werden. Damit hat das Cluster die Chance auf Erholung, sobald die minimale Anzahl an Laufwerken wieder zur Verfügung steht.

Für die virtuellen Maschinen ist dieses Verhalten eine Katastrophe. Der Datastore im vCenter zeigt sich als *inaccessible* und der Nutzer erhält den Hinweis: NFS all paths down. Eine Windows-VM wird typischerweise mit einem Bluescreen enden, und eine Linux-VM läuft mit einem Dateisystem im Nur-Lese-Zugriff weiter. Änderungen an den VMs sind nicht möglich, da die vmx-Beschreibungsdateien ebenfalls im unerreichbaren Datastore liegen.

Zur Entwarnung werden die Laufwerke wieder in die Slots im Server gesteckt. Wenn das Cluster im Status *Offline* bleibt, kann der Storage-Controller per Kommandozeile den Start triggern. Die CLI ist erreichbar via SSH oder über HX-Connect unter *Manage → Web CLI*.

```
stcli cluster start
```

Sobald der Cluster wieder den Zustand *Online* und *Healthy* erreicht, wird auch das vCenter reaktionsfreudiger. Für die meisten VMs steht jetzt ein harter Neustart an.

Hinweis

Die Storage-Controller-VMs booten nicht vom HyperFlex-Datastore und benötigen *keinen* Neustart.

Server

Das HyperFlex-Cluster verträgt den Ausfall (oder Reboot) eines gesamten Servers, inklusive seiner Datenträger. Der verteilte Datastore ist so ausgelegt, dass die drei Kopien eines Blocks *nicht* auf den Laufwerken desselben Servers liegen. Abbildung 5.1 auf Seite 52 verrät, wie viele Server ausfallen dürfen, ohne dass es zum Stillstand kommt.

Nachdem ein beliebiger Server außer Betrieb geht, meldet *HyperFlex Connect* nach ca. 15 Sekunden den Fehlerzustand auf seiner Webseite

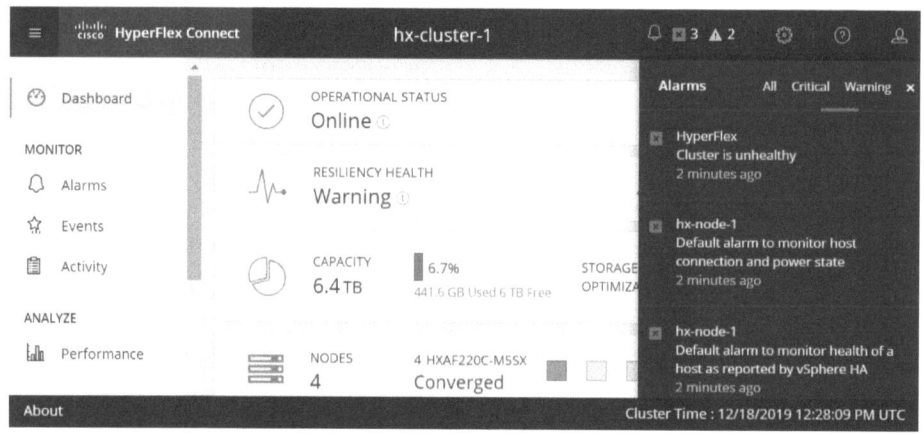

Abbildung 5.5: HyperFlex reagiert auf einen ausgefallenen Server

(Abbildung 5.5). Auch das vCenter informiert den Admin über den veränderten Status.

Nach zwei Stunden Wartezeit beginnen die Storage-Controller mit dem Ausgleichen der Datenblöcke. Je nach Ausstattung der HyperFlex-Umgebung dürfen während dieser Zeit noch weitere Server und/oder Datenträger ausfallen.

Das vCenter wird ebenfalls aktiv und startet (je nach Konfiguration) die ausgefallenen VMs auf den verbliebenen HX-Servern.

Wenn es sich bei dem Ersatzgerät um *denselben* Server handelt, der instand gesetzt wurde, ist keine Konfiguration am Cluster oder UCS-Manager notwendig. Etwa zehn Minuten nach dem Start sind Hypervisor und Storage-Controller bereit für die Arbeit. Die ersehnte Logmeldung ist:
Node 10.6.161.181 is ready for IO.
Falls das Ersatzgerät ein *neuer* Server ist, wird der Austausch aufwendiger. Je nach Anzahl der verbliebenen Server muss sogar das Cluster außer Betrieb genommen werden. Im laufenden Betrieb ist ein Austausch nur möglich, wenn das Cluster noch mindestens fünf gesunde Server hat. In allen Fällen empfiehlt Cisco [7]:

> It is highly recommended that you work with TAC when replacing a node in a storage cluster.

Fabric Interconnect

Die Fabric-Interconnect-Geräte kommen immer als Pärchen. Sie bieten den Servern Uplink-Redundanz. Die virtuellen Gastmaschinen nutzen die beiden FI im Aktiv/Aktiv-Modus. Für die anderen Netzbereiche stellen die FI einen Aktiv/Passiv-Ausfallschutz dar.

Den Defekt eines einzelnen Fabric Interconnect bemerken sowohl das vCenter als auch der UCS-Manager. Im vCenter erscheint die unscheinbare Nachricht: *Network uplink redundancy lost.* Die VMs laufen unverändert weiter und die verfügbare Bandbreite reduziert sich um die Hälfte.

Falls der primäre FI von dem Ausfall betroffen ist, übernimmt der verbleibende FI die Funktion des UCS-Managers und zeigt auf seiner Webseite eine Vielzahl von Alarmen (Abbildung 5.6).

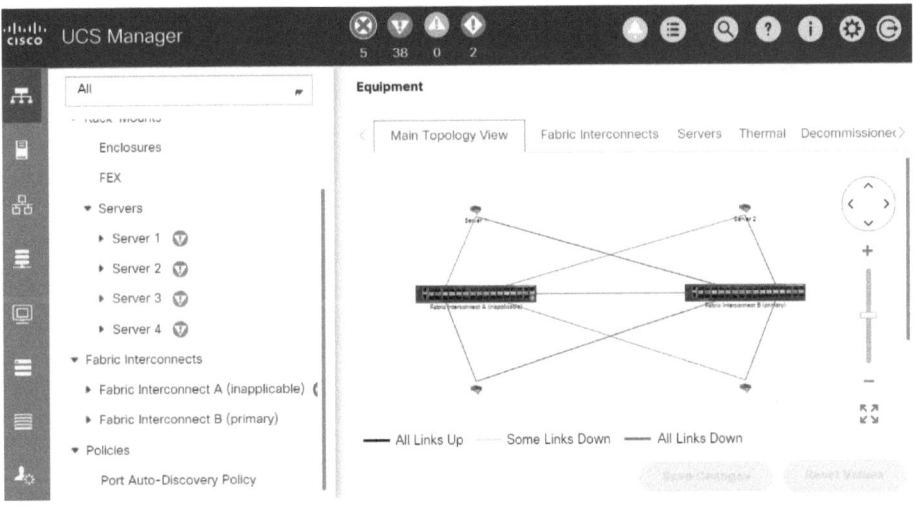

Abbildung 5.6: UCS-Manager berichtet über einen ausgefallenen
Fabric Interconnect

Wenn *beide* Fabric Interconnect mindestens einen Uplink ins Kundennetz haben (Abbildung 2.5 auf Seite 30), dann bleibt die HyperFlex-Infrastruktur für die Anwender erreichbar.

Der ersetzte FI hat werksseitig keine Konfiguration und wird Mitglied des FI-Clusters, wie in Kapitel 3 beschrieben.

57

Zusammenfassung

Das HyperFlex-Produkt setzt hohe Maßstäbe an Verfügbarkeit. So sind alle Geräte, Datenträger und Kabelverbindungen mehrfach vorhanden und sichern sich gegenseitig gegen einen Totalausfall.

Ein defektes Laufwerk ist innerhalb weniger Minuten ausgeglichen und das Cluster ist wieder gesund. Bei einem ausgefallenen Server leiden zumindest die betroffenen VMs unter einem Neustart. Und ein havarierter Fabric Interconnect reduziert die verfügbare Netzbandbreite.

Der Ausfall von Komponenten geht am HyperFlex-Cluster nicht spurlos vorüber. Jeder defekte Datenträger reduziert die Kapazität und Leistung des Storage-Pools. Ein defekter Server schmälert nicht nur den Storage-Pool, sondern reduziert auch die Compute-Leistung.

Damit darf nicht der Eindruck entstehen, dass das Cluster unzerstörbar ist. Eine ungünstige Konstellation an defekten Laufwerken oder Servern kann den Datastore „anhalten" und damit alle VMs betreffen.

Das Ausfallverhalten von Cisco HyperFlex ist damit erprobt. In Kapitel 6 können die VMs einer bestehenden VMware-Umgebung in die HyperFlex-Welt umziehen.

Kapitel 6

Migration

Die letzten Kapitel haben Vertrauen in die HyperFlex-Umgebung aufgebaut. Jetzt wird es Zeit die Kapazitäten zu nutzen und mit Workloads zu belegen. Dazu lassen sich vorhandene virtuelle Maschinen aus einer bestehenden Umgebung auf die HyperFlex-Server verlagern.

Die möglichen Migrationsszenarien sind vielfältig und stark abhängig vom Ausgangssystem. Der einfachste Weg liegt darin, die neuen HyperFlex-Server in ein *bestehendes* vCenter zu integrieren und die VMs per vMotion zu verschieben.

Dieses Kapitel beschreibt auch den Migrationspfad zwischen einem bestehenden vCenter mit vorhandenen Servern und einem neuen vCenter mit den HyperFlex-Knoten. Mit diesem Ansatz muss am bestehenden vCenter nichts verändert werden.

Bei der Wahl des besten Migrationspfads sind folgende Aspekte relevant:

- Ausfall. Benötigt die virtuelle Maschine während der Migration einen Reboot oder ist anderweitig unerreichbar?

- Anpassung. Wie viele Änderungen müssen am bestehenden vCenter vorgenommen werden, damit die Migration starten kann? Beispielsweise bringt der HX-Installer ein zusätzliches Plug-in ins vCenter (vgl. Kap. 3).

- Version. Passt die ESXi-Version der HyperFlex-Server zum vorhandenen vCenter? Harmonieren die Versionen der *Distributed Switches*?

- Skalierbarkeit. Lässt sich die Migration skripten oder massenhaft durchführen? Oder bietet die Methode nur das Verschieben von einzelnen VMs?

VMware Converter

Der *VMware Converter* verwandelt nicht nur physische Server in virtuelle Maschinen, er migriert auch beliebige VMs in ein neues vCenter. Damit ist der Konverter unabhängig vom bestehenden vCenter.

Der Converter ist robust und arbeitet mit *Kopien* der VMs. Falls eine Migration fehlschlägt, ist die Original-VM noch im unveränderten Zustand. Weiterhin ist der Konverter flexibel und stört sich nicht an kleinen Unterschieden zwischen Quell-VM und Ziel-VM. Mit dieser Technik lassen sich hartnäckige VMs konvertieren oder solche, die exotische Einstellungen benötigen.

Der Konverter arbeitet nicht unterbrechungsfrei. Nach der erfolgreichen Migration muss die Original-Maschine gestoppt werden, damit sie im neuen vCenter starten kann. Alle Veränderungen im Dateisystem der VM zwischen Migrationsvorgang und Neustart sind damit verloren. Für Server mit vielen Dateibewegungen eignet sich daher die Migration im ausgeschalteten Zustand, was allerdings nur zwischen VMware-Infrastrukturen funktioniert.

Die Converter-Software läuft als Windows-Anwendung auf einem unabhängigen Rechner und steuert die Migration. Nach der Installation startet die Anwendung und der Button *Convert machine* beginnt den Konvertierungsdialog. Je nach Migrationsszenario ist das Quellsystem eine VM in einem vCenter, auf einem einzelnen ESXi-Server oder ein laufendes Betriebssystem ohne Virtualisierung. Sobald der Konverter Zugriff auf das Quellsystem hat, folgen die Detailfragen zum Zielsystem: welches vCenter, welches Datacenter und welcher Datastore (Abbildung 6.1). Im letzten Schritt darf die Zielmaschine etwas frisiert werden. Hier sind Anpassungen an die neue Umgebung möglich, z. B. mehr vCPUs, mehr Arbeitsspeicher oder ein anderer Netzadapter. Und sollen *alle* Partitionen der Festplatte kopiert werden?

Sobald alle Einstellungen getroffen sind, gibt der Konverter eine Zusammenfassung seines Auftrags. Wenn alles schlüssig ist, beginnt der *Next*-Button den Vorgang.

Die weitere Arbeit erledigt der Konverter ohne weitere Eingriffe. Er verbindet sich mit dem vCenter-Server, der die Kopie erhalten soll. Dort erstellt der Konverter automatisiert eine neue VM mit den Eigenschaften der Originalmaschine. Danach stellt er eine Verbindung zum Ausgangsserver her und kopiert den Inhalt der Festplatte(n) in die neue VM. Die Dauer des Server-Klons ist abhängig von der Größe und dem Füllstand der Datenträger, sowie von der Übertragungsrate.

Nach erfolgreichem Kopiervorgang vermeldet der Konverter seinen Erfolg und hinterlässt die kopierte VM im ausgeschalteten Zustand. Der Schwenk von „altem" Server zu „neuer" VM ist ein händischer Schritt. Vorsichtige Admins starten die kopierte VM vorab ohne Netzverbindung und prüfen, ob das Betriebssystem die veränderte Hardwareumgebung erkennt oder ob Treiber fehlen. Wenn der geklonte Server mit der neuen Umgebung harmoniert, darf der ursprüngliche Server seinen Dienst einstellen. Die Migration ist damit abgeschlossen.

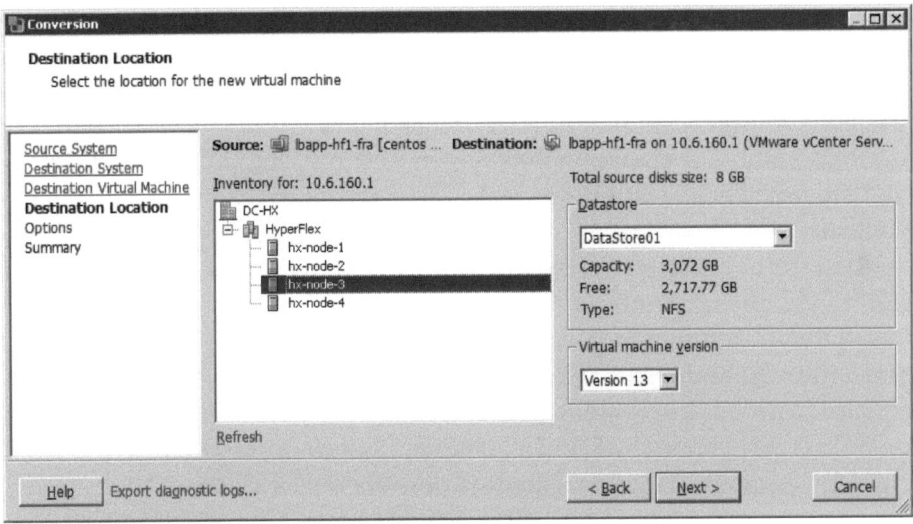

Abbildung 6.1: Der *VMware vCenter Converter* im Einsatz

Die verwendete Software ist: VMware vCenter Converter Standalone 6.2

61

Automatisierung

Wenn die Migration mehrere Hundert virtuelle Maschinen umfasst, wird die Arbeit mit dem Konverter mühselig und zeitaufwendig, da viele Schritte Handarbeit erfordern. VMware hat für die Automatisierung ein Software-Development-Kit (SDK) [8] im Angebot. Das SDK ist unabhängig von einer Programmiersprache, wobei die enthaltenen Beispiele in *.net* und Java formuliert sind.

Für die Automatisierung sind Programmierkenntnisse und eine Entwicklungsumgebung erforderlich. Ein Kommandozeilen-Werkzeug zum Skripten fehlt.

xvMotion

Die ultimative Geheimwaffe von VMware für die Migration von virtuellen Maschinen zwischen zwei unabhängigen vCenter-Infrastrukturen ist *Cross vCenter Workload Migration Utility*, a.k.a. *xvMotion* [9]. Leider hält VMware die Software etwas im Abseits, bezeichnet sie als experimentell und distanziert sich von ihrem Einsatz in produktiven Umgebungen. Aber dafür ist sie kostenlos, schnell und lässt sich per Kommandozeile bedienen, was eine großflächige Migration erleichtert.

xvMotion läuft auf einem unabhängigen Rechner, komponiert die vCenter und steuert die Migration der VMs. Über ein vCenter-Plug-in oder eine schlichte Web-UI wählt der Administrator die zu verschiebenden VMs, Cluster, Datastores und Netzwerke. Danach wandern die VMs ohne Ausfall oder Unterbrechung in ihr neues Zuhause.

Die Software kommt als Java-Anwendung und läuft damit unter Windows und Linux. Sie erfordert mindestens Java Version 8, vCenter Server 6.0 Update 3 mit Enterprise-Plus-Lizenz und die ESXi-Hosts müssen mit Version 6.0 U3 oder höher laufen. Die beiden vSphere-Infrastrukturen müssen ein gemeinsames Ethernetsegment für die virtuellen Gäste haben. Für das vMotion-Netzwerk reicht eine IP-Verbindung aus, über die die VMs transportiert werden.

Wenn die Umgebung zu den Anforderungen passt, lädt ein beliebiger Server die angebotene xvm-3.1.jar-Datei und startet sie als lokale Instanz:

```
java -jar xvm-3.1.jar
```

Der Aufruf und die folgenden Beispiele verzichten auf eine dauerhafte Integration von xvm ins vCenter, damit keine störenden Rückstände nach der Migration verbleiben.

xvMotion bietet seine Dienste auf TCP-Port 8443 an. Die angebotene Webseite plant Migrationen und zeigt deren Ergebnisse.

Hinweis

Der Webzugriff auf *xvMotion* ist nicht kennwortgeschützt. Für den abgesicherten Zugang liefert der folgende Abschnitt auf Seite 67 ein paar Sicherheitshinweise.

Zuerst erfordert die Weboberfläche von *xvMotion* die Zugangsdaten zu den vCenter-Servern. Abbildung 6.2 hat Verbindung zu zwei vCenter-Umgebungen aufgenommen und sich mit Benutzername und Kennwort ausgewiesen. Die Abbildung nutzt die integrierte Webseite – das zusätzliche vCenter-Plug-in hat identische Funktionalität und zeigt die Arbeitsschritte im Look-and-Feel vom vCenter.

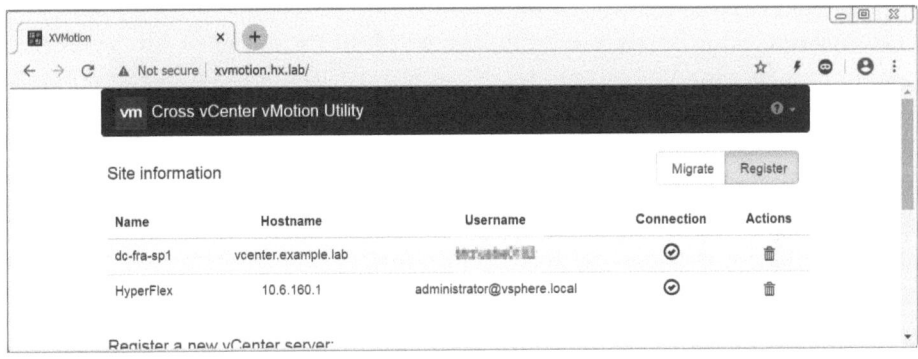

Abbildung 6.2: *xvMotion* steuert die Migration zwischen vCenter-Servern

Danach kann *xvMotion* im Bereich *Migration* den ersten virtuellen Umzug vorbereiten. Die Webseite erfragt die Details über Quelle und Ziel: vCenter, Datastore, eine Liste der virtuellen Maschinen und die Zuweisung der Netzadapter. In Abbildung 6.3 auf der nächsten Seite ziehen zwei VMs in ein HyperFlex-Cluster ein.

Die händische Zuordnung der Netzadapter hat den charmanten Vorteil, dass die Portgruppen in den vCentern unterschiedlich heißen können. Al-

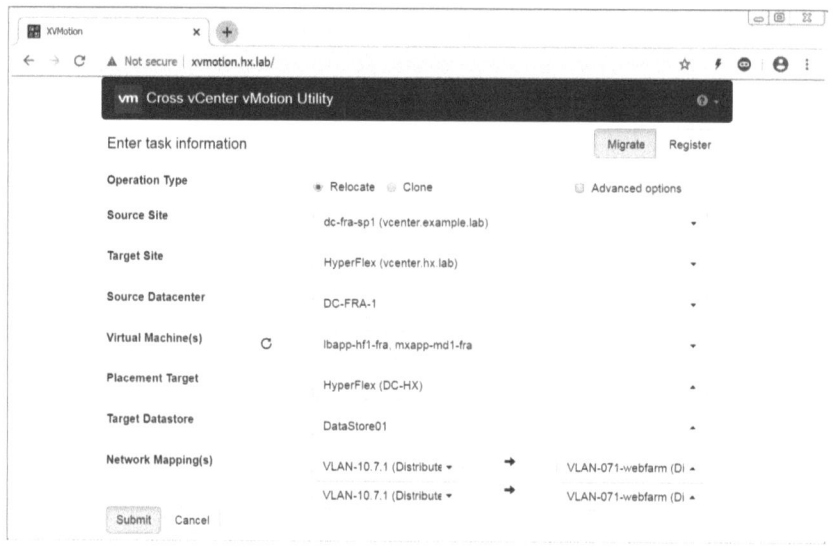

Abbildung 6.3: Vorbereitung der Migration zum HyperFlex-Cluster

lerdings muss der Porttyp beibehalten werden. Damit ist es mit *xvMotion* nicht möglich, eine VM aus einem vCenter mit *Distributed Switch* zu einem vCenter mit Standard-Switch zu verschieben (und umgekehrt).

Wenn alle Entscheidungen zum Umzug getroffen sind, startet der *Submit*-Button die Migration ohne weitere Nachfrage oder Zusammenfassung. Während der Migration zeigt *xvMotion* in Abbildung 6.4 den Fortschritt und begrüßt zuletzt die virtuellen Maschinen im neuen vCenter. Im alten vCenter sind die VMs wortlos verschwunden.

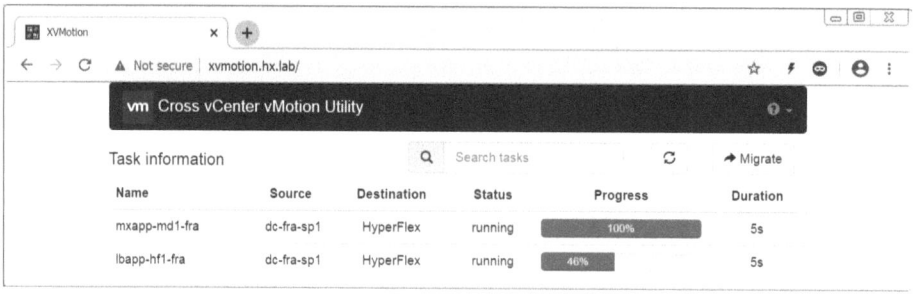

Abbildung 6.4: Zwei VMs migrieren zum HyperFlex-Cluster

Kleine VMs mit schmalen Festplatten und wenig Arbeitsspeicher sind damit in Sekundenschnelle übertragen. Bei größeren VMs dauert es entsprechend der Transferrate des Netzwerks.

Fehlersuche

Wenn die Migration nicht erfolgreich verläuft, gibt die Logdatei vom xvm-Prozess Auskunft. Diese liegt im Startverzeichnis und heißt per Voreinstellung xvm.log. Typische Fehlerbilder sind:

- *Error: Currently connected device 'CD/DVD drive 1' uses backing '[DS01] ISO/CentOS-7-x86_64-DVD-1708.iso', which is not accessible.*
  Im DVD-Laufwerk der VM ist noch eine ISO-Datei eingehängt. Das ISO-Image ist im neuen vCenter nicht vorhanden, worauf die Bedingungen einer Migration nicht erfüllt sind. Als Lösung wird die DVD im Gastbetriebssystem ausgeworfen und im vCenter abgehängt. Danach kann die Migration in *xvMotion* per *Retry*-Button erneut probiert werden.

- *Error: A specified parameter was not correct: disk[1].diskId*
  Der Fehler deutet auf eine Ursache im Bereich der Festplatte hin. Die Lösung ist allerdings eine eingehängte ISO-Datei im DVD-Laufwerk und hat denselben Lösungsweg wie im vorherigen Fehlerbild.

- *Error: The target host does not support the virtual machine's current hardware requirements.*
  Das Ziel-vCenter oder der Ziel-ESXi-Host ist für die umziehende VM zu alt oder zu schwach ausgestattet. Als Workaround funktioniert interessanterweise eine Migration der VM im ausgeschalteten Zustand.

- *Error: Error while getting placement result for vm:vm-24*
  Bei diesem Fehlerbild hat die *xvMotion*-Software keinen Zugriff auf eins der beiden vCenter. Da die Meldung sehr unspezifisch ist, sollten beide vCenter-Anmeldungen innerhalb von *xvMotion* überprüft und eventuell erneuert werden.

Automatisierung

Die Migration von vielen VMs lässt sich mit *xvMotion* automatisieren, da die Software eine einfache REST-API anbietet. Die API lässt sich mit jeder guten Programmiersprache ansteuern und erwartet die Angaben zum vCenter, Datastore und Cluster im JSON-Format. Die Angaben müssen vollständig und inhaltlich korrekt sein, damit der Auftrag angenommen wird.

Das folgende Beispiel kommuniziert mit der API über das Kommandozeilen-Tool `curl`. Die angestrebte Migration entspricht den Angaben aus Abbildung 6.3 auf Seite 64.

```
1   curl --request POST --insecure https://localhost:8443/api/tasks \
2     --header "Content-type: application/json" --data \
3   '{ "operationType": "relocate",
4       "sourceSite": "dc-fra-sp1",
5       "targetSite": "HyperFlex",
6       "sourceDatacenter": "DC-FRA-1",
7       "vmList": [ "mxapp-md1-fra", "lbapp-hf1-fra" ],
8       "targetDatacenter": "DC-HX",
9       "targetCluster": "HyperFlex",
10      "targetHost": null,
11      "targetDatastore": "DataStore01",
12      "networkMap": {
13          "VLAN-10.7.1 [...]": "VLAN-071-webfarm [...]",
14          "VLAN-10.7.1 [...]": "VLAN-071-webfarm [...]"
15      },
16      "targetPool": null,
17      "targetFolder": null
18    }'
```

Der Aufruf darf in Zeile 7 eine Liste von virtuellen Maschinen umfassen. Für jede enthaltene VM muss die Zuordnung der Netzadapter ab Zeile 12 aufgeführt sein. Die erste Angabe ist der Name der Portgruppe im Quell-vCenter, gefolgt vom Namen der Portgruppe im Ziel-vCenter. Der Name ist hier verkürzt dargestellt, um die Lesbarkeit zu verbessern.

Die API hat keinen *Submit*-Button und benötigt keine Bestätigung – sie beginnt direkt mit der Arbeit und bewegt die VMs in die neue Heimat.

Für den reibungsfreien Ablauf ist die genaue Syntax wichtig. Im Zweifel lässt sich die exakte Schreibweise aus der Logdatei entnehmen, nachdem eine VM-Migration über die Webseite von *xvMotion* gestartet wurde.

Sicherheit

In der Voreinstellung darf *jeder* über die Webseite oder über die API mit den VMs spielen. Im besten Fall pendelt ein Angreifer die VMs „nur" zwischen den vCentern, im schlimmsten Fall kopiert er sie in sein eigenes vCenter und hat damit Zugriff auf die Daten.
Die folgenden Methoden bieten einen Basisschutz für den gesicherten Umgang mit *xvMotion*:

- Paketfilter. Mithilfe von `iptables` (Linux) oder der Windows-Firewall wird der Zugriff zum *xvMotion*-Server auf IP-Ebene eingeschränkt. Die Regel erlaubt lediglich den Zugriff von vertrauenswürdigen Rechnern und dem vCenter.

- Reverse-Proxy mit Authentifizierung. Auf dem *xvMotion*-Server läuft ein Reverse-Proxy, der *zwischen* Webbrowser und *xvMotion*-Software sitzt. Der direkte Zugriff auf *xvMotion* wird dadurch unterbunden, dass der Java-Prozess nur noch auf dem Loopback-Adapter erreichbar ist. Der Reverse-Proxy erzwingt eine Benutzeranmeldung, sodass nur autorisiertes Personal mit *xvMotion* arbeiten.

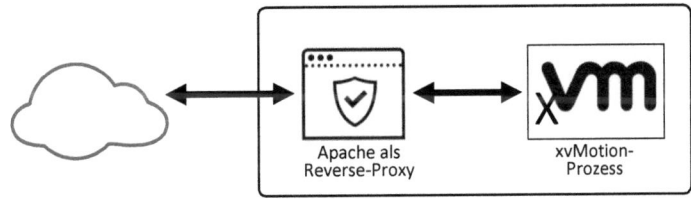

Abbildung 6.5: Der Reverse-Proxy schützt den Zugriff auf *xvMotion*

Ein beispielhafter Aufbau mit Reverse-Proxy ist in Abbildung 6.5 dargestellt. Der Aufruf von *xvMotion* ändert sich zu:

```
java -jar -Dserver.port=3016 -Dserver.address=127.0.0.1 xvm-3.1.jar
```

> **Hinweis**
>
> Das vCenter-Plug-in von *xvMotion* benötigt Zugriff ohne Benutzeranmeldung auf den xvm-Prozess. Diesen Umstand muss die Konfiguration vom Reverse-Proxy berücksichtigen.

Der verwendete Port 3016 ist willkürlich und kann beliebig angepasst werden. Die beispielhafte Konfiguration vom Apache Webserver als Reverse-Proxy ist über Anhang A erhältlich.

- Kommandozeilenargumente. Der Aufruf von xvm.jar kann die Zugangsdaten vom vCenter enthalten, sodass diese über die Webseite nicht mehr eingegeben werden müssen. Dieser Komfort hat den Nachteil, dass Benutzername und Kennwort auf dem *xvMotion*-Server in der Prozessliste sichtbar sind und in der Kommando-Historie gespeichert werden.
  Die Beispiele in diesem Kapitel berücksichtigen die Security-Tipps und starten xvm.jar stets ohne Zugangsdaten.

Zusammenfassung

Wenn die HyperFlex-Umgebung nicht auf der grünen Wiese startet, dann müssen die vorhandenen virtuellen Maschinen ihren Weg ins neue vCenter finden. Der Migrationspfad ist nicht vorgegeben und orientiert sich stark an der vorhandenen Infrastruktur.

Falls die Ausgangsumgebung ebenfalls ein vCenter ist, dann stehen sich zwei vCenter gegenüber, die voneinander nichts wissen. Die Migration kann VMware mit verschiedenen Werkzeugen vereinfachen. Der *VMware Converter* klont einen vorhandenen virtuellen oder physischen Server in die HyperFlex-Infrastruktur. Ein händischer Neustart der kopierten VM schließt die Migration ab und kurz darauf startet die VM in der neuen Umgebung.

Ohne Unterbrechung arbeitet *xvMotion*, welches die VM im laufenden Betrieb aus dem Altsystem auf den HyperFlex-Cluster migriert. Die virtuelle Maschine, ihre Dienste und die Anwender bemerken nichts von dem Seitenwechsel.

Ohne zusätzliche Software geht es auch: Wenn die Versionsunterschiede und virtuellen Switches es zulassen, können die neuen HyperFlex-Server auch unter die Verwaltung des vorhandenen vCenters gestellt werden. Dann kann das vCenter die VMs mit Bordmitteln zwischen den Hosts und Datastores hin-und-her schieben.

Die Kandidaten für eine Migration stehen jetzt bereit. Vor dem Startschuss sichert Kapitel 7 die neue Umgebung ab und schützt sie gegen Vandalen und Neugierige.

Kapitel 7

Sicherheit

Alle Komponenten der HyperFlex-Plattform sind „ab Werk" mit einem umfangreichen Basisschutz ausgestattet. Dazu gehören Sicherheitsaudits, die neuesten Patches, Zeitsynchronisation, Firewalleinstellungen, Schwachstellenanalyse und deren Dokumentation [10]. Mit diesen Maßnahmen erreicht der Hersteller eine robuste Umgebung.

Dieses Kapitel zeigt weitere Schritte, die auf der Kundenseite zur Sicherheit der HyperFlex-Komponenten beitragen.

Managementzugang

Das Systemdesign von HyperFlex trennt die Verwaltungszugänge zu den aktiven Komponenten vom restlichen Datenverkehr. Der Zugang zu diesem Managementnetz lässt sich durch eine restriktive Firewall weiter einschränken. Eine Liste der verwendeten Ports, Protokolle und Hosts stellt Cisco im *HyperFlex Data Platform Security Hardening Guide* bereit. Zusätzlich zu den aufgeführten Anwendungen greifen die Storage Controller auf Internetdienste (vgl. Kap. 9) zu, um mit Cisco Intersight zu kommunizieren oder einen *Smart CallHome* abzusetzen.

Abbildung 7.1 auf der nächsten Seite zeigt ein beispielhaftes Netzdiagramm, in der eine Firewall die Zugangsnetze der HyperFlex-Komponenten absichert.

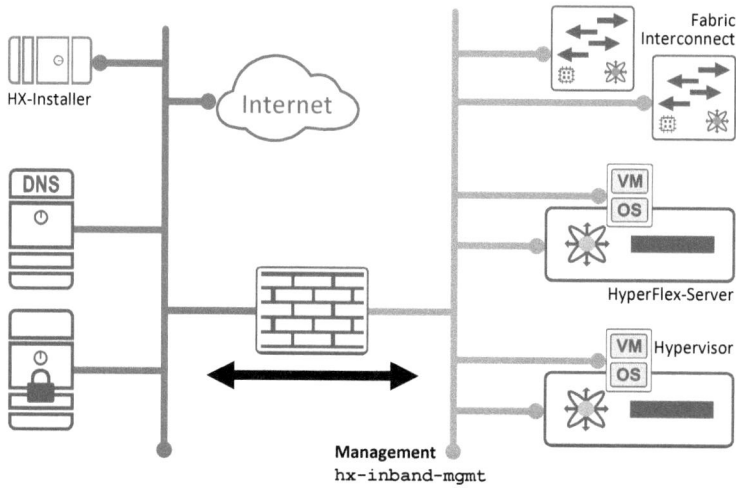

Abbildung 7.1: Eine Firewall sichert das Managementnetz

Secure Shell

Ein offener SSH-Zugang ist ein Sicherheitsrisiko, auch wenn das gewählte Kennwort komplex ist. Der SSH-Dienst lässt sich auf den ESXi-Servern über den *Lockdown Mode* deaktivieren. Grundsätzlich funktioniert die HyperFlex-Umgebung auch ohne SSH-Zugriff. Der Zugang wird erst benötigt, wenn Änderungen anstehen: Clustererweiterung, Softwareupdates oder Fehlersuche.

Im normalen Tagesgeschäft empfiehlt sich der *Lockdown Mode* im Zustand *normal*, was den SSH-Zugang unterbindet. Für Wartungsarbeiten am HX-Cluster ist der Zustand *disabled* passend.

Kennwörter

Im Auslieferzustand sind die Zugänge zwar passwortgeschützt, aber die voreingestellten Kennwörter sind wohlbekannt und dadurch unsicher. Der HyperFlex-Installer verlangt vor der Installation neue Passwörter und akzeptiert nur Zeichenketten, die einer komplexen Richtlinie genügen.

Der *root*-User sollte nicht für die täglichen Aufgaben herhalten, da er maximale Berechtigung hat und eine Fehlkonfiguration zu fatalen Ergebnissen führen kann. Für das Tagesgeschäft sollte jeder Administrator im vSphere

Webclient seinen eigenen Benutzeraccount haben. Unter *Verwaltung* → *Single Sign-On* → *Benutzer und Gruppen* lassen sich neue Benutzer anlegen, wahlweise für das vCenter (Domäne *vsphere.local*) oder für die Storage Controller (Domäne *localos*).

Alternativ lässt sich das vCenter in eine *Active Directory*-Domäne aufnehmen, um sich mit einem Benutzerkonto des Verzeichnisdienstes anzumelden.

VLANs und vSwitches

Der Netzaufbau von HyperFlex separiert den Datenverkehr in vier Segmente, die als VLANs und virtuelle Switches ausgeführt sind. Durch die Aufteilung können die einzelnen Bereiche unterschiedlich abgesichert und priorisiert werden.

- Der Managementverkehr erfolgt im VLAN `hx-inband-mgmt` und transportiert Zugriffe auf den UCS-Manager, die KVM-Ansicht in die Server, die Weboberfläche der ESXi-Hypervisor und die Verwaltung der Storage Controller. Alle Zugänge sind kennwortgeschützt und können zusätzlich mit einer Firewall (Abbildung 7.1) oder Access-Liste auf dem Default-Gateway weiter eingeschränkt werden.

- Die Storage Controller replizieren ihren Datenbestand über das VLAN `hx-storage-data`. Zugriff von außen auf Teilnehmer in diesem VLAN ist nicht erforderlich. Das VLAN existiert nur in den ESXi-Servern und FI. In speziellen Ausfallszenarien wandern die Pakete über das Kundennetz zwischen den einzelnen FI.

- Die ESXi-Server schieben durch das vMotion-Netzwerk im VLAN `hx-vmotion` ihre virtuellen Gäste hin-und-her. Das Netzsegment darf die HyperFlex-Umgebung verlassen, wenn vMotion zwischen mehreren vCenter-Umgebungen stattfinden soll (vgl. Kap. 6).

- Die virtuellen Gast-Maschinen befinden sich in VLAN `hx-vm-network` oder in zusätzlichen Netzen (vgl. Kap. 10), wenn Netzdesign und Infrastruktur es erfordern. Der Schutzbedarf dieser Netzsegmente richtet sich nach der Sicherheitsrichtlinie des Kunden.

Logging

Die Bausteine der HyperFlex-Umgebung protokollieren alle möglichen Zustände und Vorgänge im Logbuch. Das Spektrum reicht von kleinen Informationen bis zum kritischen Alarm. Diese Meldungen sind hilfreich für die
Fehlersuche und notwendig für die Systemüberwachung.
Einblick in die jeweilige Logdatei funktioniert Linux-typisch mit den Datei-
betrachtern `more` oder `less`, sowie mit einem Editor. Für die Fehlersuche
ist das Kommando `tail` mit der Option `-f` unersetzlich, denn es zeigt fort-
laufend die letzten Meldungen. Erst die Tastenkombination *Strg-C* beendet
die Anzeige und die Kommandozeile wird wieder sichtbar.
Eine einfache Übung für den Syslog-Dienst, ist das Versenden von Logmeldungen über das Netzwerk. Ein zentraler Rechner empfängt die Nachrichten
von allen Maschinen und speichert sie dauerhaft. Im Zeitalter von *Big Data*
und günstigem Speicherplatz darf alles verschickt werden, was im System
so anfällt. Die Prüfung, Zusammenfassung und Analyse erfolgen im Logserver.
Die verwendbaren Transportprotokolle unterscheiden sich in den einzelnen
HyperFlex-Komponenten. Wenn möglich, sollte der Nachrichteninhalt verschlüsselt sein, wenn das Transportnetz potenziell unsicher ist. Tabelle 7.1
zeigt die unterstützten Protokolle.

System	UDP	TCP	TLS
UCS-Manager	☑	☐	☐
vCenter	☑	☑	☑
ESXi	☑	☑	☑
Storage Controller	☐	☑	☑

Tabelle 7.1: Die HyperFlex-Systeme variieren beim Syslog-Transport

Die Storage Controller berichten per Syslog über TCP oder verschlüsselt
per TLS mit Clientzertifikat (Abbildung 7.2). Die Berichterstattung umfasst die wichtigsten HyperFlex-Dienste und allgemeine Linux-Meldungen.
Für die Fehlersuche liefern die Dateien auf dem Storage Controller unter
`/var/log/springpath` eine höhere Detailschärfe (vgl. Kap. 8).
Der UCS-Manager speichert per Voreinstellung seine Meldungen im lokalen
Dateisystem. Über die Web-GUI lässt sich bei *Admin → All → Faults, Events*

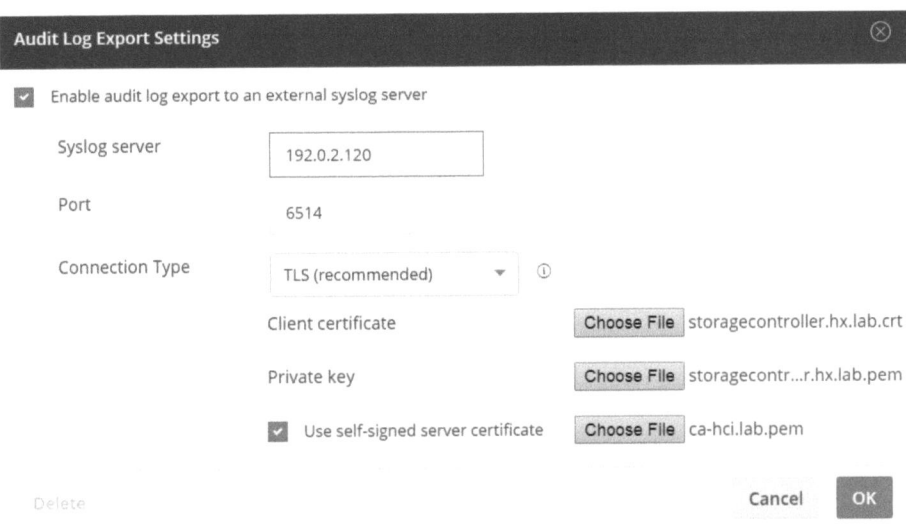

Abbildung 7.2: *HyperFlex Connect* berichtet an den zentralen Logserver

and Audit Log ein oder mehrere Syslogserver festlegen. Der Nachrichten-austausch läuft unverschlüsselt über das UDP-Protokoll.

Die Produkte von VMware sind vielseitiger und versenden die Syslogmel-dungen wahlweise per UDP, TCP oder TLS. Im *Appliance Management* des vCenter-Servers hat das Reporting von Logmeldungen seinen eigenen Bereich *Syslog*. Dort lassen sich bis zu drei Server mit Protokoll und Port hin-terlegen. Zusätzlich zum vCenter kann jeder ESXi-Host seine Nachrichten beim zentralen Loghost abgeben. Die Einrichtung dazu erfolgt im vCenter in den Einstellungen des jeweiligen Hosts unter *System → Advanced Sys-tem Settings*. Der passende Schlüssel heißt `Syslog.global.LogHost`. Sein Inhalt gibt den Namen oder die IP-Adresse des Logservers an – wahlweise mit Protokoll und Portnummer. Beispielsweise versendet ein ESXi-Server über das klassische Syslogprotokoll und den Standardport:

```
udp://loghost.example.net:514
```

Die Logdienste der HyperFlex-Komponenten sind unflexibel in der Gestal-tung der Syslognachrichten. Keiner der Dienste erlaubt das Hinzufügen einer Gerätekennung oder das Umformatieren der Nachrichtensyntax. Da-mit wird die Anbindung an einen Logging-as-a-Service–Provider kniffelig.

Zertifikate

Der HyperFlex-Installer hinterlässt die Weboberflächen mit selbstsignierten Zertifikaten. Damit ist die Umgebung funktional, aber der Webbrowser wird bei jedem Kontakt erneut über die mögliche Gefahr dieser Zertifikate informieren.

Grund genug die voreingestellten Zertifikate durch wohlsignierte Zertifikate auszutauschen. Für den späteren Einsatz im operativen Geschäft kann ein öffentlicher Anbieter die neuen Zertifikate ausstellen, oder eine interne Zertifizierungsstelle spendiert Zertifikate für die Web-GUIs.

> **Hinweis**
>
> Damit der Browser ohne Warnung arbeiten kann, muss die aufgerufene Webadresse zum Namen passen, der im Zertifikat hinterlegt ist.

Für die Vorgehensweise beim Austausch von Zertifikaten im vCenter und bei ESXi sei auf die jeweilige Dokumentation von VMware verwiesen.

Storage Controller

Auf den Storage Controllern läuft der Import der Zertifikate per Skript. Vorher generiert der Masterknoten auf der Kommandozeile neue kryptografische Schlüssel und erstellt daraus einen Zertifikatswunsch:

```
openssl req -nodes -newkey rsa:2048 \
  -keyout /etc/ssl/private/server.key \
  -out /etc/ssl/certs/server.csr
```

Der Inhalt der csr-Datei ist ein Antrag auf ein Zertifikat, welcher an eine Zertifizierungsstelle gerichtet ist:

```
cat /etc/ssl/certs/server.csr
```

```
-----BEGIN CERTIFICATE REQUEST-----
MIICdDCCAVwCAQAwLzELMAkGA1UEBhMCREUxDDAKBgNVBAgMAO5SVzESMBAGA1UE
CgwJSH1wZXJJGbGV4MIIBIjANBgkqhkiG9w0BAQEFAAOCAQ8AMIIBCgKCAQEAO0F5
[...]
XRIYB9dbpXzZLTNpE7QusOAWhObTuGO+sOwcmtiKt9ABU6HSvBpQV+MbRjPK8bIv
nOUdXUwP9eY=
-----END CERTIFICATE REQUEST-----
```

Die *Certificate Authority* (CA) erhält den Zertifikatswunsch, prüft die Glaubwürdigkeit und stellt das gewünschte Zertifikat aus. Das Zertifikat wird anschließend in Dateiform auf den Storage Controller kopiert, wo es beispielsweise heißt:

```
/etc/ssl/certs/server.crt
```

Im letzten Schritt importiert das Skript `certificate_import_input.sh` Schlüssel und Zertifikate, verteilt das Kryptomaterial an die anderen Storage Controller und registriert sich beim vCenter unter der neuen Kryptoidentität.

UCS-Manager

Der Webdienst des UCS-Managers benutzt einen Schlüsselring, welcher ein Schlüsselpaar und ein Zertifikat enthält. Die Einstellungen dazu liegen bei *Admin → Key Management*. Die vorinstallierten Zertifikate lassen sich in wenigen Schritten gegen vertrauenswürdige Zertifikate auswechseln.

1. Trustpoint anlegen. Im Bereich *Trusted Points* vom *Key Management* sind die vertrauenswürdigen CAs aufgeführt. Die Liste ist anfangs leer und muss um die Zertifikate der verwendeten CA ergänzt werden.

2. Schlüsselring erstellen. Unter *Key Rings* erstellt der Button *Add* einen neuen Schlüsselbund und hinterlegt das frisch generierte Schlüsselpaar.

3. Zertifikatsanfrage. In den Eigenschaften des neuen Schlüsselrings erstellt ein Klick auf die Schaltfläche *Create Certificate Request* einen Zertifikatsantrag. Dieser liegt anschließend im *Request*-Ordner.

4. Zertifikat. Die Zertifikatsanfrage muss ihren Weg zur CA finden, damit die CA das Zertifikat ausstellen kann. Der Ablauf ist identisch wie im Abschnitt *Storage Controller* auf Seite 74.

5. Zertifikat importieren. Der Text im erhaltenen Zertifikat wird originalgetreu im Ordner *Certificate* hinzugefügt und gespeichert (Abbildung 7.3 auf der nächsten Seite).

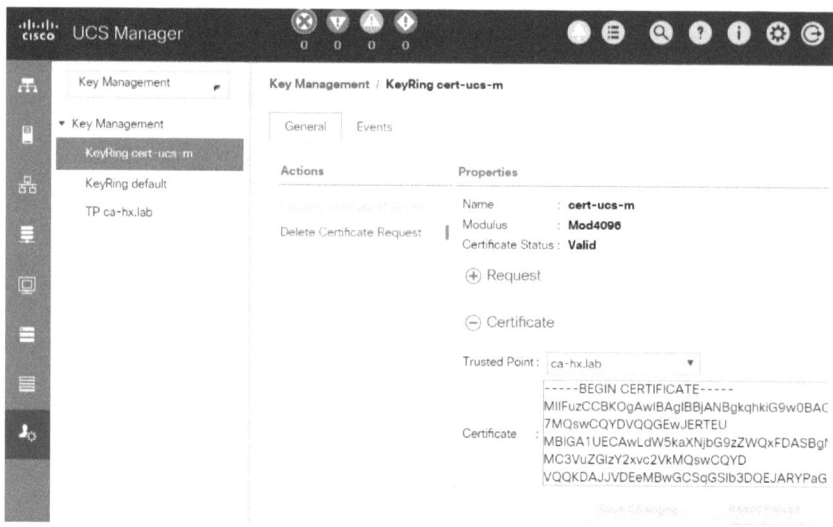

Abbildung 7.3: Der *UCS-Manager* erhält ein neues Zertifikat

6. Schlüsselring benutzen. Damit der UCS-Manager das Kryptomaterial für den Webdienst benutzt, muss dieses noch unter *Admin → Communication Management → Communication Services* ausgewählt werden.

Wenn die Schritte erfolgreich waren, trennt der UCS-Manager die aktuelle Browserverbindung. Beim nächsten Login lernt der Browser das neue Zertifikat und verzichtet auf seine Warnung.

Zusammenfassung

Cisco legt beim Aufbau und beim Betrieb des HyperFlex-Clusters großen Wert auf Sicherheit. Zertifikate, komplexe Passwörter und das SSH-Protokoll ersetzen die vormals simplen Kennwörter und den `telnet`-Zugang. Damit beseitigt der Hersteller viele Schwachstellen schon ab Werk.
Dieses Kapitel macht die HyperFlex-Komponenten noch robuster und schützt den Managementzugang per Firewall. Alle Server senden ihre Systemmeldungen an einen zentralen Logserver und die Webzugänge erhalten vertrauenswürdige Zertifikate.

Kapitel 8

Einblick

Wie funktioniert der Storage Controller? Und wie arbeitet der HyperFlex-Installer? Dieses Kapitel schaut hinter die Kulissen und erforscht die eingesetzte Software jenseits der bunten Webseiten. Die Kenntnis rundet das Gesamtbild von HyperFlex ab, auch wenn sie für den späteren Betrieb entbehrlich ist.

HyperFlex Installer

In Kapitel 3 kommt der *HyperFlex Installer* als OVA-Datei ins vCenter und startet anschließend als virtuelle Maschine. Die Bedienung in Kapitel 4 verläuft weitgehend über die angebotene Webseite.

Die Installer-VM bootet eine Linux-Distribution von Ubuntu. Der Webserver kommt von *Nginx* und das Webframework liefert ReactJS. Mit diesen Mitteln erfragt die Web-UI alle Variablen für die bevorstehende Arbeit. Die Installation ist letztendlich eine Softwareverteilung und anschließende Konfiguration. Dazu setzt Cisco auf *Ansible*.

Ansible verbindet sich per SSH mit dem Zielsystem, prüft die Umgebung, führt die notwendigen Befehle aus und berichtet seine Resultate. Und dabei ist es egal, ob Ansible über wenige Server herrscht oder über ein Cluster.

Ansible benötigt für seine Tätigkeit drei Dinge: eine Liste der Zielserver, die Zugangsdaten und einen Auftrag. Die ersten beiden Zutaten erfragt der HX-Installer. Die Arbeitsanweisung heißt bei Ansible *Playbook* und diese legt Cisco der OVA-Datei bei.

Der HX-Installer erstellt auf jedem ESXi-Host eine Storage-Controller-VM. Dazu importiert das Skript die OVA-Datei stCtlVM.ova und bestückt die VM mit den vereinbarten IP-Adressen. Danach bootet die VM und Ansible macht sich direkt ans Werk. Mit Playbooks und Softwarepaketen entsteht Schritt-für-Schritt ein Storage-Controller. Die verwendeten Dateien liegen im Dateisystem vom HX-Installer unter:

```
/opt/springpath/storfs-deploy/ansible/
/opt/springpath/packages/
```

Storage Controller

Auf jedem HyperFlex-Server läuft eine unscheinbare VM, die den Festplattenspeicher verwaltet. Die VM hat den vorgegebenen Hostnamen *Springpath Controller*, gefolgt von einer zehnstelligen Kennung. Der Name verrät schon etwas über die Historie, denn den *Software-defined Storage* hat Cisco durch die Firma *Springpath* zugekauft.

Der Storage Controller stellt den ESXi-Servern einen Datastore zur Verfügung. Schreibzugriffe auf den Datastore nimmt einer der Storage Controller entgegen und speichert die Daten auf mehreren Laufwerken, um den Ausfall eines einzelnen Datenträgers abzufangen. Die Logik dahinter verteilt die Schreibzugriffe auf Laufwerke unterschiedlicher Server, damit ein einzelner Server ausfallen (oder neustarten) kann.

Für den schnelleren Zugriff enthält jeder Server eine Cache-SSD, die Daten zwischenspeichert, bevor sie auf den langsameren Laufwerken dauerhaft abgelegt werden.

Der Storage Controller nutzt Ubuntu-Linux als Betriebssystem. Der administrative Zugang erfolgt über SSH oder über die Webseite *HyperFlex Connect*. Die Zugangsdaten stammen vom HX-Installer, welcher die Storage-Controller-VM installiert und eingerichtet hat.

Laufwerke

Das Betriebssystem bootet von der virtuellen Disk sda, die im lokalen Datastore des ESXi-Hosts liegt. Dieser Datastore besteht aus einem SSD-Laufwerk und wird ausschließlich vom Storage-Controller benutzt. Im

Dateisystem von sda liegen außerdem Logdateien und die Konfiguration. Mehr virtuelle Disks hat die VM nicht.

Einen Zugang zu den Datenträgern im Server erhält die VM durch direkten Zugriff auf den Host-Bus-Adapter. Auf sdb liegen die Software und Housekeeping-Daten. Ein weiterer Datenträger ist eine besonders robuste SSD zum Zwischenspeichern von Datenzugriffen. Da dieses Laufwerk stärker beansprucht wird, verbaut Cisco eine SSD mit deutlich höheren IOPS-Werten und zehnfacher Lebenserwartung (siehe Seite 101).

Die restlichen Datenträger sind *Kapazitätslaufwerke* und auf ihnen liegen die gespeicherten Daten. Es gibt keine Partitionstabelle und kein bekanntes Dateisystem. Die Storage-Controller haben ihre eigene Logik, wie sie Datenblöcke speichern und später wiederfinden.

Tabelle 8.1 zeigt die Laufwerke in einem HyperFlex HX220c M5 mit 960-GB-SSDs aus der Sicht eines Storage-Controllers.

Laufwerk	Größe	Zweck
sda	2.5 GiB	Betriebssystem, Logs, Konfiguration
sdb	223 GiB	Controller-Software und Housekeeping
sdc	894 GiB	Kapazität
sdd	894 GiB	Kapazität
sde	372 GiB	Cache SSD
sdf	894 GiB	Kapazität
sdg	894 GiB	Kapazität
sdh	894 GiB	Kapazität
sdi	894 GiB	Kapazität

Tabelle 8.1: Der Storage-Controller verwaltet die Laufwerke

Dateisystem

Die Storage-Controller bauen über ihre Laufwerke ein verteiltes Dateisystem und geben es per NFS frei. Die ESXi-Hosts nutzen die NFS-Freigabe als Datastore und speichern darin ihre virtuellen Gäste. Der NFS-Server und das Dateisystem sind Eigenentwicklungen von Springpath.

Der HyperFlex-Storage teilt sich in eine Caching-Ebene und eine Kapazitätsebene. Jeder HyperFlex-Server hat eine robuste SSD, die Schreib-/Lese-Zugriffe zwischenspeichert. Die übrigen Laufwerke bilden den permanenten

Speicher und tragen zur Gesamtkapazität des Datenpools bei. Dabei arbeiten die Storage Controller eng zusammen und formen *einen* Cache-Bereich aus allen Cache-SSDs und *einen* Kapazitätsbereich aus den *capacity drives*. Abbildung 8.1 zeigt die Ebenen und ihr Zusammenspiel mit der physischen Hardware.

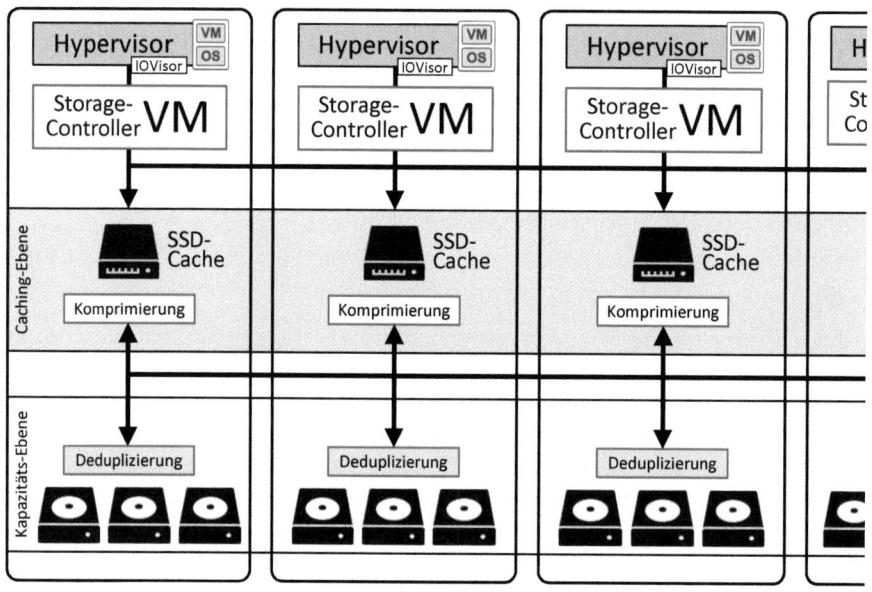

Abbildung 8.1: Der zweistufige Speicher einer *HyperFlex Data Platform*

Schreibzugriff

Wenn eine virtuelle Maschine Daten auf ihre Festplatte schreibt, speichert der Hypervisor diese Daten in der passenden VMDK-Datei und führt damit Schreiboperationen im Datastore aus. Der IOVisor im Hypervisor sendet den Schreibzugriff an den passenden Storage-Controller, welcher die Daten erst mal im Arbeitsspeicher parkt. Dann spaltet er die Datenmenge in kleinere Blöcke (*stripe unit*) und legt die Teile komprimiert auf *verschiedenen* Cache-SSDs ab. Welcher Teil auf welchem HX-Server landet, entscheidet ein Hashing-Algorithmus.

Sobald die Primärblöcke sicher im Cache liegen, kümmern sich die Storage Controller um die Datensicherheit. Dazu erstellen sie von jedem Block

mehrere Kopien und speichern sie auf unterschiedlichen HX-Servern. Hier
kommt der Replikationsfaktor (RF) ins Spiel, denn er entscheidet darüber,
wie viele Kopien jedes Datenblocks erstellt werden (vgl. Kap. 3). Der emp-
fohlene Replikationsfaktor von 3 speichert jeden Datenblock insgesamt drei
Mal. Damit dürfen zwei Datenträger oder zwei HX-Server ausfallen, ohne
dass es zu Datenverlust kommt.

Nachdem die drei HX-Server mit dem Speichern fertig sind, bestätigt der
Storage Controller den Schreibzugriff an die virtuelle Maschine.

Jetzt liegen die Daten sicher im Cache, aber der Cache ist nicht für die
Ewigkeit gebaut. Wenn sich der Arbeitsspeicher und der Cache füllen, wird
der Storage Controller gezielt Datenblöcke in den Kapazitätsbereich verschieben (*destaging*) und den Cache damit entlasten. Kandidaten für das
Destaging sind Datenblöcke, die länger nicht angefragt wurden.

Es ziehen nicht nur die Primärblöcke um, sondern auch die Replikas. Genau wie im Caching-Bereich ist im Kapazitätsbereich jeder Block drei Mal
vorhanden (bei RF=3). Während die „alten" Datenblöcke auf die Kapazitätslaufwerke umziehen, vollführt der Storage Controller Deduplikation.

Hinweis

Die Cisco HX-Plattform komprimiert und dedupliziert automatisch.
Diese Funktionen lassen sich nicht manuell abschalten.

Lesezugriff

Der lesende Zugriff auf das Dateisystem nutzt ebenfalls die beiden Spei-
cherebenen. Allerdings unterscheidet sich der Zugriff zwischen Hybrid-
Servern (mit drehenden Festplatten) und den *All Flash*-Modellen.

Der Storage Controller auf einem Hybrid-Server wird versuchen, die Lesean-
frage aus dem Cache zu bedienen. Wenn sich der Datenblock nicht mehr im
Cache befindet, sucht der Storage Controller den Block im Arbeitsspeicher
und zuletzt auf den Kapazitätsfestplatten. Bei der Suche im großen Datenpool bevorzugt er seine lokalen Platten, um den Zugriff zu beschleunigen.
Ein *All Flash*-Server hat nur SSDs verbaut und kann damit die Anfrage
direkt aus dem Arbeitsspeicher oder dem Kapazitätsbereich liefern.

Der gefundene Datenblock wird sogleich dekomprimiert, im Arbeitsspeicher
und im SSD-Cache platziert, und zuletzt an die anfragende VM geliefert.

Implementierung

Cisco setzt in seinem Storage Controller viele Open-Source-Tools ein, aber der NFS-Server und die Prozesse für Dateisystem, Destaging und Deduplikation sind Firmengeheimnisse und damit Closed Source.

Der NFS-Server `scvmclient` gibt sich nach außen wie ein regulärer NFSv3-Dienst. Der ESXi-Server, sowie jeder reguläre Linux-Server, kann den angebotenen NFS-Export im eigenen Verzeichnisbaum einhängen und als Netzwerkspeicher nutzen. Innerhalb des Storage Controllers kommuniziert `scvmclient` mit dem Dateisystemdienst `storfs`. `storfs` kennt die Caching- und Kapazitätsebene und weiß anhand eines Index genau, auf welchem Server und auf welchem Laufwerk die Datenblöcke liegen. Da `storfs` auch den Arbeitsspeicher als Cache benutzt, ist eine Speicherauslastung von 90% akzeptabel und kein Fehlerzustand.

Die `storfs`-Dienste aller Storage Controller kommunizieren über das *hx-storage-data*-Netz (vgl. Kap. 2) und beantworten sich damit gegenseitig ihre Anfragen zu den Datenblöcken.

Cisco implementiert die kritischen Systemdienste in Java und die umgebenden Dienste und Skripte in Python. Alle Dienste des Storage Controllers schreiben ihre Logdateien nach `/var/log/springpath/`. Die Logmeldungen sind nicht verschlüsselt oder kryptisch und auch ohne Cisco TAC für die Fehlersuche hilfreich.

Überwachung

Der `storfs`-Prozess ist kritisch und daher hat er die Aufpassersoftware `watchdog.py`. Dieser Beschützer überwacht `storfs` auf ungewöhnliche CPU- und Speichernutzung und kann Ausnahmezustände behandeln – im schlimmsten Fall mit dem Neustart.

Die Storage Controller überwachen sich auch gegenseitig. Der neugierige Dienst `cip-monitor` hat stets die benachbarten Storage Controller im Blick und prüft ihre Verfügbarkeit mit `ping` und `arping`. Wenn es hier zum Ausfall kommt, wird `cip-monitor` den Clusterstatus kontrollieren und eventuell eine Neuwahl des Clustermeisters veranlassen.

Den Ausfall eines Datenträgers überwacht `drvmonitor`. Dieser in Python geschriebene Dienst heißt offiziell *Drive Monitor Utility* und macht seinem

Namen alle Ehre. Sobald sich eine Festplatte oder SSD verabschiedet, wird `drvmonitor` aktiv und meldet den Ausfall.

Kommandozeile

Der Storage Controller bietet die üblichen Linux-Befehle für die Fehlersuche und Diagnose. Zusätzlich dazu gibt es das HyperFlex-spezifische Kommando `stcli`, welches Informationen zur Datenplattform liefert und auch Änderungen durchführen kann [11].
Eine kurze Übersicht des lokalen Clusters präsentiert `stcli cluster info` mit einer Auflistung der HX-Server, VLANs, IP-Adressen, Versionsnummern und in welchem vCenter die Verwaltung stattfindet. Informationen zu den verbauten Laufwerken liefert `stcli disk inventory`. Die allgemeine Syntax von `stcli` ist:

```
stcli <Bereich> <Aufgabe>
```

Der Aufruf von `stcli` ist auch über die Webseite von *HyperFlex Connect* unter *Manage → Web CLI* möglich (Abbildung 8.2). Eine Übersicht der verfügbaren Bereiche gibt `stcli --help` und Tabelle 8.2 auf der nächsten Seite.

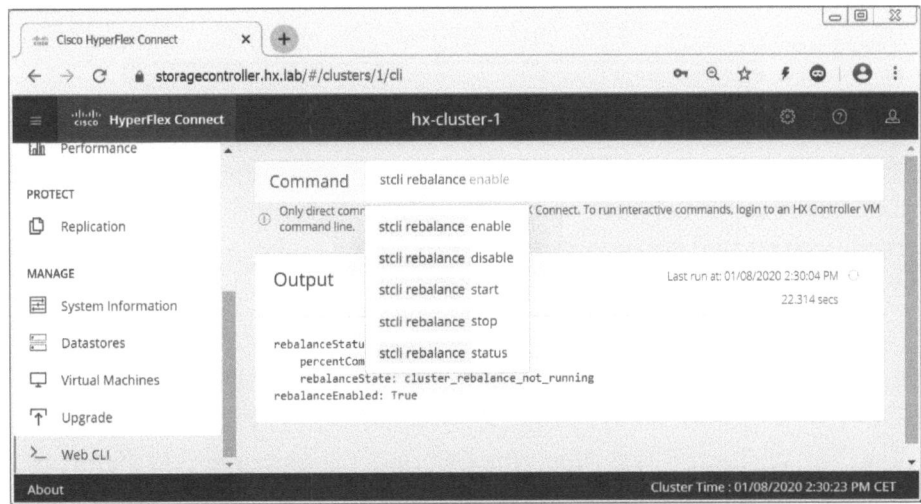

Abbildung 8.2: Die *Web CLI* greift auf die Kommandozeile zu

Bereich	Inhalt
about	Knappe Info zum Storage Controller/Manager
appliance	Gute Übersicht der Hardware aller HX-Server
cleaner	Der Aufräumprozess findet ungenutzten Speicher und bereinigt ihn
cluster	Alle Tätigkeiten rund um den (Speicher-)Cluster
datastore	Laufwerke als Datastore formieren und dem ESXi-Host präsentieren
disk	Festplatten und SSDs verwalten
dp	*Data Protection* und Snapshots
drnetwork	Aufräumprozess für die Datenreplikation starten
file	HyperFlex-Klon für eine Datei erstellen
license	Lizenzen anzeigen, erneuern oder entfernen
node	Verwaltet Storage-Nodes und ihre Festplatten
security	Zugriff via NFS und SSH einrichten
services	E-Mail, Namensauflösung, Zeitsynchronisation, CallHome einrichten
snapshot-schedule	HX-Snapshots planen
rebalance	Füllstand der einzelnen Laufwerke ausgleichen
vm	Virtuelle Maschine klonen oder snapshotten

Tabelle 8.2: `stcli` umfasst diese Bereiche

Bekanntes

Cisco erfindet für seine Datenplattform kein neues Betriebssystem und nutzt quelloffene Software aus öffentlichen Repositories. Dies spart Entwicklungszeit und solange Lizenzbedingungen eingehalten werden, darf Fremdsoftware beigemischt werden.

- Hochverfügbarkeit, Synchronisation und Konfiguration zwischen den Storage Controllern basiert auf *Apache ZooKeeper*. Den Überblick über die Instanzen hält der *Exhibitor* aus der Feder von Netflix.

- Die Webseiten von *HyperFlex Connect* und seiner API liefert der Webserver *Nginx*.

- Mit `syslog-ng` hält der Storage Controller Ordnung in den Logmeldungen.

- Unzulässige Verbindungsanfragen auf den Netzwerkstack blockiert der Storage Controller mit `iptables` vom *Netfilter*-Bausatz.

- Die schönen Statistiken im *HyperFlex Connect* basieren auf der Sammelleidenschaft von *Graphite* und seinem `statsd`-Prozess.

- Für die Softwareupdates nutzt Cisco den Paketmanager *APT* von Ubuntu und Debian.

Zusammenfassung

Der Storage Controller ist das Herzstück des softwaredefinierten Speichers. Er ist der intelligente Datenverteiler zwischen ESXi-Hosts und Laufwerken. Dateizugriffe nimmt der Storage Controller entgegen und bedient sie bevorzugt aus seinem Arbeitsspeicher, aus dem SSD-Cache und zuletzt aus den Kapazitätslaufwerken. Gleichzeitig stimmen sich alle Storage Controller auf den HX-Servern untereinander ab und speichern Kopien der Datenblöcke auf mehreren Laufwerken verschiedener Server.
Die HX-Dataplatform stammt aus der Softwareabteilung von Cisco, bzw. Springpath, und steht unter US-Patentschutz. Für die weniger kritischen Softwarekomponenten setzen die Entwickler Open-Source-Software ein.

Kapitel 9

Überwachung

Die Ergebnisse aus Kapitel 5 *Ausfallschutz* zeigen, dass die HyperFlex-Infrastruktur Ausfälle toleriert. Dieser Ausfallschutz funktioniert so lange, bis der letzte redundante Server und das letzte Reservelaufwerk aufgeben. Für den sicheren Betrieb wird die HyperFlex-Infrastruktur überwacht, um Ausfälle zeitnah zu erkennen und entsprechend zu handeln. Dieses Kapitel gibt drei Möglichkeiten für die Überwachung und lädt zuletzt zur Datensicherung ein.

Monitoring

Die grundlegende Überwachung des HyperFlex-Systems prüft die Hardwarekomponenten und informiert bei Fehlern. Zusätzlich dazu lassen sich auch Leistungswerte messen und das Anwendungsverhalten nachprüfen.

HyperFlex Connect

Die Storage-Contoller überwachen selbstständig ihre gegenseitige Erreichbarkeit, ihre Datenträger und deren Füllstand. Die ermittelten Werte und Zustände präsentieren sie übersichtlich in der Weboberfläche *HyperFlex Connect*. Diese Übersicht ist die erste Anlaufstelle für die Überwachung des gesamten HyperFlex-Clusters und der virtuellen Maschinen. *HyperFlex Connect* ist in mehreren Abbildungen auf den Seiten 44, 46, 53 und 54 dargestellt.

Einen ausgefallenen HX-Server zeigt die Web-UI in Abbildung 5.5 auf Seite 56 prominent auf dem Dashboard an. Für einen defekten Datenträger spendiert die Web-UI lediglich eine Zeile unter *Monitor → Events* und einen Eintrag in *Alarms*. Eine dauerhafte Übersicht aller havarierten Laufwerke gibt es nicht.

Reporting

Die Alarme kann *HyperFlex Connect* per E-Mail und Syslog berichten. In der Weboberfläche unter *Settings → Notifications Settings* erwartet das Dialogfenster einen E-Mailserver und eine Liste von Empfängern, die bei einem neuen Alarm benachrichtigt werden sollen. Abbildung 9.1 zeigt einen beispielhaften E-Mail-Alarm.

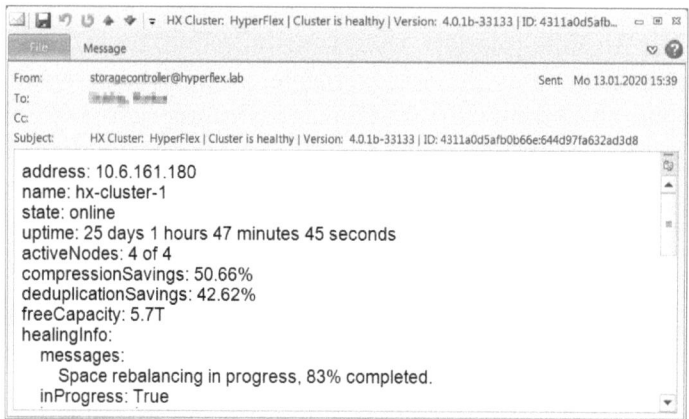

Abbildung 9.1: HyperFlex alarmiert schmucklos per E-Mail

Hinweis

Der Storage-Controller versendet *zuerst* eine E-Mail nach Hause an autosupport@springpathinc.com. Der E-Mailserver muss diese Nachricht annehmen, damit die E-Mail an die eigene Adresse ebenfalls zugestellt wird.

Falls keine E-Mail an Cisco rausgehen soll, lohnt sich ein Blick in die Datei `/opt/springpath/storfs-asup/asup.cfg` auf dem Storage-Controller.

Während die E-Mail-Benachrichtigung nur die kritischen Alarme umfasst, benutzen die Storage-Controller für alle anderen Meldungen das Syslog-Protokoll. Unter *Settings* → *Audit Log Export Settings* lässt sich ein zentraler Logserver hinterlegen, der die Syslognachrichten erhalten soll (vgl. Kap. 7). Der *Syslog-ng*-Dienst zapft dafür die wichtigsten Logdateien an, versieht die Meldungen mit einem Label und schickt die fertige Nachricht übers Netzwerk an den Logserver – bei Bedarf auch verschlüsselt.

Monitoringsystem

Wer nicht passiv auf eine Hiobsnachricht vom HyperFlex-Cluster warten möchte, kann die Umgebung auch aktiv überwachen. Dazu prüft ein vorhandenes Monitoringsystem in regelmäßigen Abständen die HX-Server, die Fabric Interconnect und die Storage-Controller. Bei Unregelmäßigkeiten kann das Überwachungssystem festgelegte Aktionen ausführen, Tickets eröffnen oder das Monitoring-Team informieren.

API

Welche Auskünfte kann die Programmierschnittstelle von HyperFlex einem Monitoringsystem bieten? Der erste Zugriff auf die API von *HyperFlex Connect* ist in Anhang B beschrieben. Der folgende Aufruf entlockt dem Storage-Controller die Liste der defekten Laufwerke:

```
1   curl --silent --request GET --header 'Accept: application/json' \
2     --header 'Authorization: Bearer eyJhbGciOiJIUzI1NiJ9.ey[...]' \
3     'https://sc.hx.lab/coreapi/v1/hypervisor/disks?state=OFFLINE' \
4     | python -m json.tool
5   [
6       {
7           "description": "",
8           "diskDriveInterface": "SATA",
9           "diskStatus": "OFFLINE",
10          "diskType": "UNKNOWN",
11          "hIdentity": {
12              "uuid": "e533b7c6-5c39-b349-a87b-eae7a70c5a4e"
13          },
14          "identity": {
15              "uuid": "5002538c40a77c15:0000000000000000"
16          },
17          "modelNumber": "SAMSUNG_MZ7LM960HMJP-00003",
```

89

```
18        "path": "/dev/sdi",
19        "rawCapacityInBytes": 960196771840,
20        "serialNumber": "S5LHNX43L89253",
21        "slotNumber": "1.0.5",
22        "vendor": "Samsung",
23        "version": "GXT51F3Q"
24      }
25  ]
```

Und welche HX-Server sind momentan unerreichbar? Die API hat die passende Antwort:

```
1  curl --request GET --header 'Accept: application/json' \
2    --header 'Authorization: Bearer eyJhbGciOiJIUzI1NiJ9.ey[...]', \
3    'https://sc.hx.lab/coreapi/v1/hypervisor/hosts?state=OFFLINE' \
4    | python -m json.tool
5  [
6    {
7      "identity": {
8        "uuid": "e3f86d96-7e54-534f-a0f8-aaf10d05a730"
9      },
10     "hypervisor": "ESX",
11     "modelNumber": "HXAF220C-M5SX",
12     "serialNumber": "WZP22342HR9",
13     "hostName": "hx-node-04",
14     "ip": {
15       "ip": "10.6.160.84"
16     },
17     "version": "6.7.0",
18     "displayVersion": "VMware ESXi 6.7.0 U3 (14320388)",
19     "buildNumber": "14320388",
20     "status": "ONLINE",
21     "lockdown": false,
22     "role": "STORAGE"
23   }
24 ]
```

Achtung

Die Auskunft der API enthält ebenfalls die ESXi-Server im Wartungsmodus, da diese aus Sicht des Storage-Controllers ebenfalls „außer Betrieb" sind.

90

Nagios

Durch die offene Architektur der API lässt sich das HyperFlex-Cluster grundsätzlich von jedem Monitoringsystem ausfragen. Für konkrete Beispiele
benutzt dieser Abschnitt die Open-Source-Software *Nagios* [12], da sie
vielseitig ist und mehrere Plug-ins für Cisco-Produkte anbietet.

Nagios führt seine Verfügbarkeitsprüfungen über Skripte aus. Wenn das
Skript einen Server oder einen Dienst positiv überprüft hat, meldet es einen
Rückgabecode von null. Dieser Exitcode signalisiert dem Nagios-Prozess,
dass der Check erfolgreich war und die Weboberfläche zeigt ihn in Grün an.
Der Exitcode 1 ist für Nagios eine Warnung und Fehlercode 2 steht für *Error*.

Für die UCS-Server, Fabric Interconnect und ESXi-Server hat Nagios fertige
Checks im Angebot [13] [14], die allerdings einmalig im lokalen Monito-
ringsystem eingerichtet werden müssen. Damit hat Nagios Einblick in die
Infrastruktur mit Ausnahme der Storage Controller.

Mit Programmierkenntnissen, API-Zugriff und den passenden Exitcodes
lässt sich ein fundamentaler Check für Nagios erstellen, der den Storage
Controllern passende Informationen entlockt. Alternativ bietet Anhang A
ein fertiges Python-Skript für Nagios, welches den gesamten Datenpool auf
Verfügbarkeit und freie Kapazität untersucht, und defekte Datenträger und
HX-Server aufzeigt.

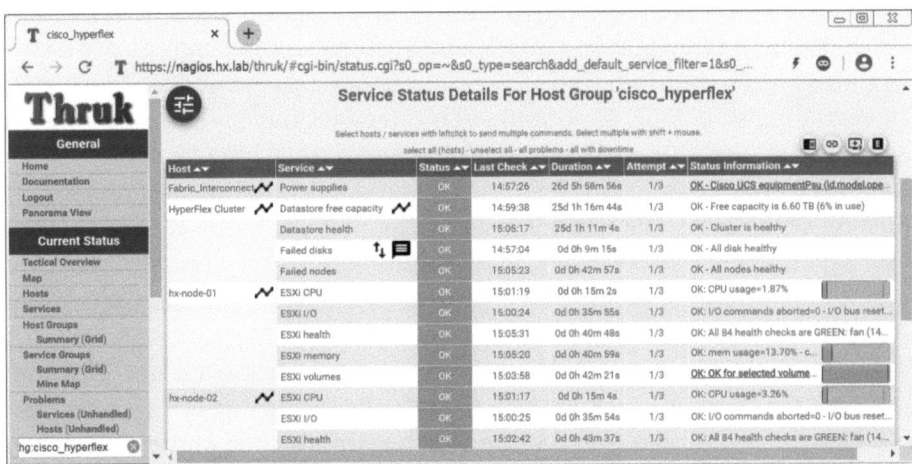

Abbildung 9.2: Nagios bestätigt eine gesunde HyperFlex-Umgebung

Zusammen stellen die drei Plug-ins die Basisüberwachung einer HyperFlex-Umgebung dar. Abbildung 9.2 auf der vorherigen Seite zeigt in Nagios ein gesundes HyperFlex-Cluster, während in Abbildung 9.3 mehrere Laufwerke ausgefallen sind.

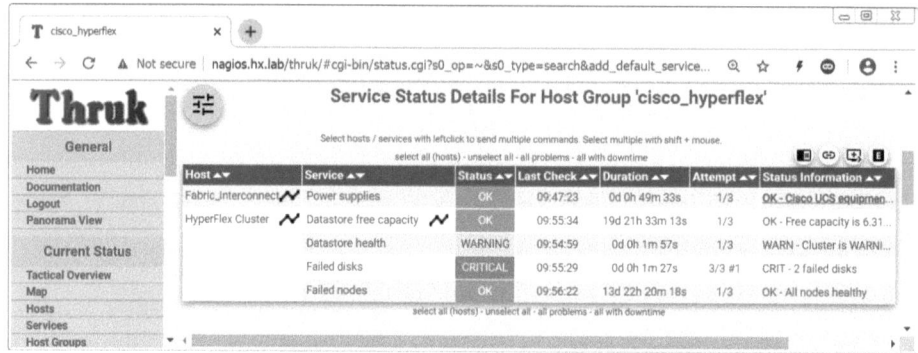

Abbildung 9.3: Nagios meldet den Ausfall von zwei Laufwerken

Cisco Intersight

Alternativ (oder zusätzlich) zum lokalen Monitoring kann der HyperFlex-Cluster seine Probleme an die Cloud berichten. Die Managementlösung für Cisco UCS heißt *Cisco Intersight* und ist der UCS-Manager in der Cloud. Der Einstieg in Intersight ist einfach und kostenfrei. Intersight ist der ideale Begleiter, wenn mehrere HyperFlex-Cluster bei unterschiedlichen Kunden zu verwalten sind. Falls ein Feature von Intersight nur in der kostenpflichtigen Variante verfügbar ist, wird die Webseite darauf hinweisen.

Anfangs werden das HyperFlex-Cluster und die Fabric Interconnect mit Intersight verheiratet. Die HyperFlex-Webseite hält dazu eine Gerätekennung und einen Freischaltcode in den Einstellungen unter *Device Connector* bereit (Abbildung 9.4). Im UCS-Manager befindet sich dieser Code unter *Admin → Device Connector*.

Bewaffnet mit den Zugangsdaten steht die Anmeldung auf der Webseite `https://intersight.com` an. Während der Registrierung erfragt Intersight die *Device ID* und den *Claim Code*. Nach erfolgreicher Authentifizierung generiert die Webseite eine neue URL für das registrierte Gerät in der Form: `https://5dfd74ef752661d24af5b89b.intersight.com`

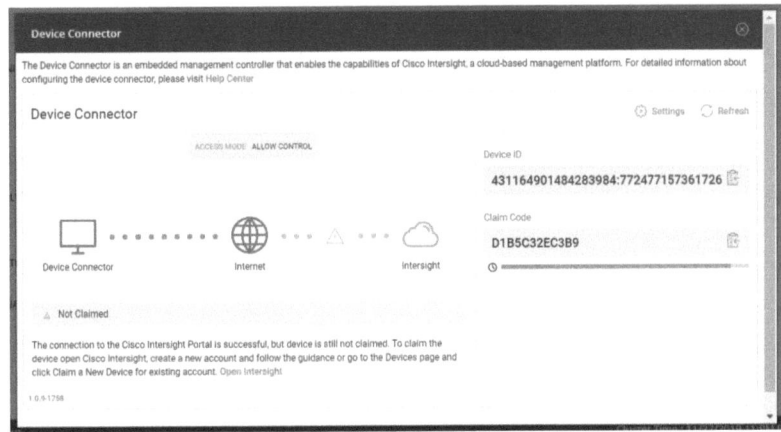

Abbildung 9.4: HyperFlex bereitet sich auf Intersight vor

Die Intersight-WebGUI präsentiert im Dashboard alle verwalteten Server, HyperFlex-Cluster und Fabric Interconnect. In der Kategorie *HyperFlex Clusters* tauchen die hier verwendeten HX-Server auf und berichten über Zustände, Modelle, Versionen und den Speicherpool (Abbildung 9.5).

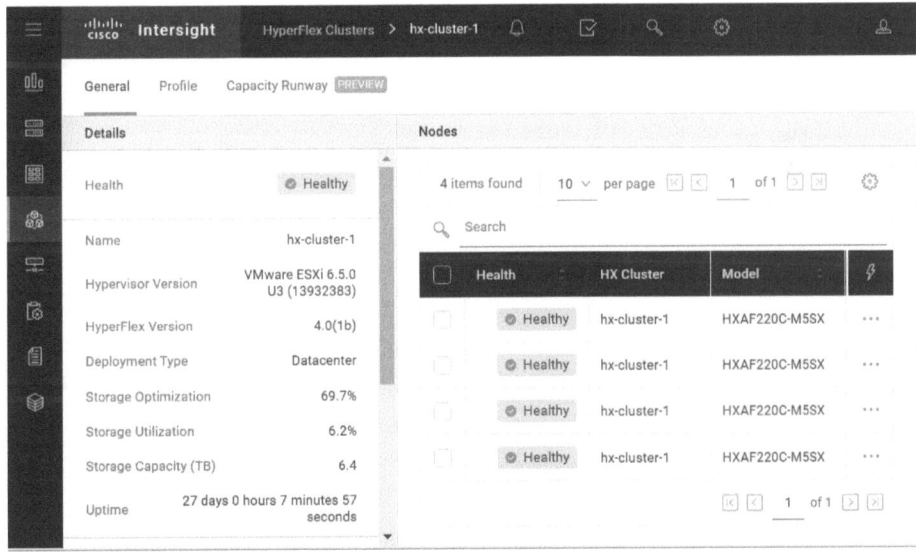

Abbildung 9.5: Cisco Intersight präsentiert die HX-Server

Der Gesundheitszustand jedes Geräts wird in Ampelfarben dargestellt. Eventuelle Nachrichten und Alarme zeigt die Titelzeile farblich an (Abbildung 9.6).

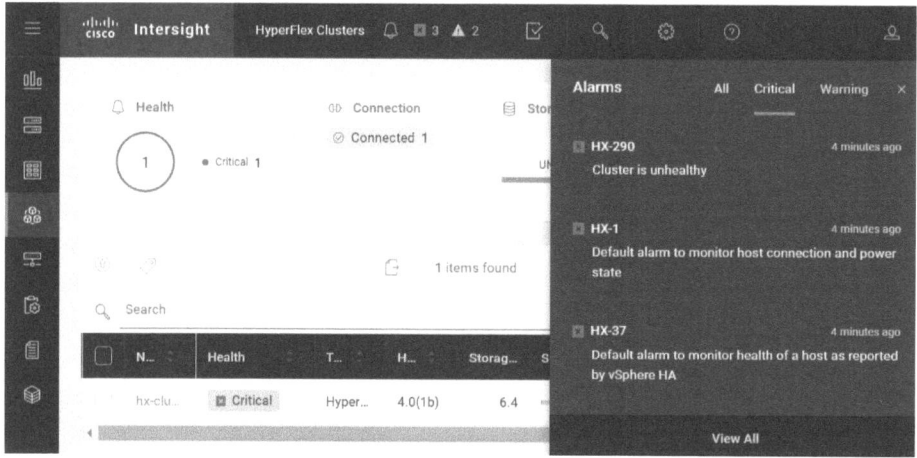

Abbildung 9.6: Cisco Intersight erkennt Probleme im HyperFlex-Cluster

Die Basisversion von Intersight verwaltet die eigenen Systeme in einem globalen Inventar und zeigt deren Gesundheit. Ebenfalls hilfreich sind die Alarme und die kurzen Dienstwege zum Cisco TAC. In der kostenpflichtigen Essentials-Version lassen sich die hinterlegten Geräte über Richtlinien konfigurieren und ihre Software verwalten.

Backup und Restore

Bevor das Monitoringsystem einen Totalausfall meldet, sollte eine Datensicherung vorliegen. Das Backup der Komponenten wird einmalig eingerichtet und in regelmäßigen Abständen wiederholt. Dieser Abschnitt beschreibt die Ersteinrichtung.

UCS-Manager

Die Weboberfläche vom UCS-Manager kann im Abschnitt *Admin* → *All* → *General* eine Konfigurationssicherung durchführen. Die Aktion *Create*

Backup Operation beginnt einen Dialog, der den Umfang und das Ziel der geplanten Sicherung abfragt. In Abbildung 9.7 soll die Konfiguration als XML-Datei bereitgestellt werden.

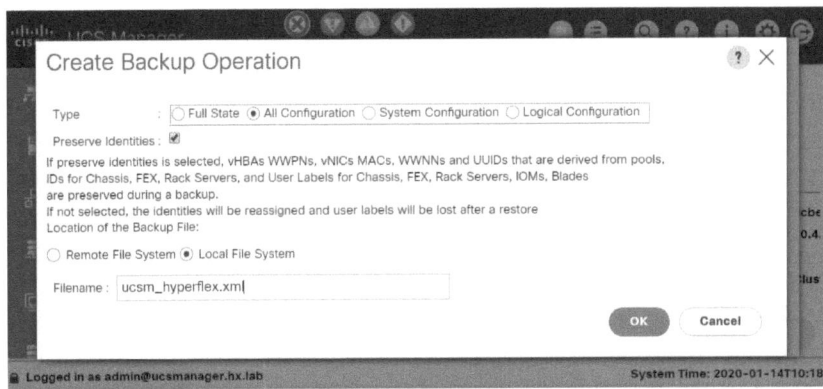

Abbildung 9.7: Der UCS-Manager sichert seine Konfiguration

Im Abschnitt *Policy Backup & Export* kann der UCS-Manager seine Einstellungen täglich oder wöchentlich auf einen entfernten FTP/TFTP/SCP/SFTP-Server kopieren.

Aus dieser Konfigurationssicherung lässt sich der Zustand der Fabric Interconnect wiederherstellen. Der Restore beginnt über den UCS-Manager mit der Aktion *Create Import Operation* oder während der Ersteinrichtung über die serielle Konsole:

```
Enter the setup mode; setup newly or restore from backup. (setup/restore)?
```

Der *Basic System Configuration Dialog* erkundigt sich im Verlauf der Einrichtung nach den Zugangsdaten vom Server, lädt die Konfigurationsdatei und beendet damit den Restore.

Virtuelle Maschinen

Der Datenpool für die virtuellen Maschinen ist zwar durch den *Replication Factor* doppelt oder dreifach vorhanden (vgl. Kap. 3), aber dieser Schutz ersetzt keine Datensicherung.

Eine Backup-Software für *VMware vSphere* erstellt üblicherweise einen Snapshot von der virtuellen Maschine und fertigt anschließend eine Kopie vom Snapshot an. Damit entsteht eine Kopie der VM, welche die Backup-Software auf ein separates (Band-)Laufwerk verschiebt. Der Snapshot wird danach gelöscht, da er nicht mehr benötigt wird.

Alternativ, und für ältere Generationen der Storage Controller, muss sich die Backup-Software via NFS direkt am Datenbestand bedienen und die passende VMDK-Datei sichern.

Wenn die eingesetzte Backup-Software nicht mit HyperFlex harmoniert, oder wenn das Budget bereits ausgeschöpft ist, kann die Open-Source-Software *ghettoVCB* [15] im kleinen Umfeld aushelfen. GhettoVCB erstellt von der VM einen Snapshot und kopiert diesen in einen NFS-Datastore. Anschließend versendet es eine E-Mail mit dem Resultat der gesicherten virtuellen Maschine(n).

Die Software kommt als *vSphere Installation Bundle* (VIB) und wird damit direkt im ESXi-Server installiert. Der Backupvorgang beginnt auf der Kommandozeile des entsprechenden ESXi-Hosts mit dem Aufruf von `ghettoVCB.sh`.

GhettoVCB benötigt kein vCenter und muss daher stets auf dem ESXi-Server gestartet werden, auf dem sich die Ziel-VM befindet.

Storage Controller

Die Storage Controller benötigen keine dedizierte Datensicherung. Die Software und alle Einstellungen stammen vom HyperFlex-Installer (vgl. Kap. 3). Wenn ein HX-Server ausfällt, ist die Storage Controller-VM verloren und der HX-Installer erstellt einen neuen Storage Controller auf dem Ersatzserver.

HyperFlex Cluster

Für das HyperFlex-Cluster gibt es keine Gesamtsicherung. Wenn eine HyperFlex-Umgebung geklont oder wiederhergestellt werden soll, reichen dafür der HyperFlex-Installer und die gewählten Einstellungen der Erstinstallation, die sich per JSON-Datei exportieren lassen (vgl. Seite 41).

Hinweis

Die JSON-Datei mit den exportierten Einstellungen des HyperFlex-Clusters enthält aus Sicherheitsgründen *keine* Passwörter.

Zusammenfassung

Server und Datenträger fallen manchmal aus. Und dann erfüllen sie ihre fundamentalste Aufgabe nicht mehr, die darin besteht, Dienste bereitzustellen. Und Server fallen genauso gerne aus wie andere elektronische Geräte. Das ist eine akzeptierte Tatsache und aus diesem Grund haben HX-Server zusätzliche Netzteile, Lüfter, Laufwerke, CPUs oder Uplinks.

Bei jedem Ausfall ist es wichtig, dass der Störfall bemerkt wird, um Ersatz zu beschaffen und das veränderte Risiko richtig einzuschätzen.

Die Aufpassersoftware vom Storage-Controller kann das Monitoring-Team per E-Mail alarmieren und lässt sich über eine offene Programmierschnittstelle ausfragen. Zusätzlich dazu kann das eigene HyperFlex-Cluster mit der Cisco Cloud kommunizieren und dort ihre Zustände und Alarme ablegen.

In allen Fällen ist eine vorherige Sicherung unabdingbar, damit der Datenbestand auch nach Systemausfällen, Verschlüsselungstrojanern und Konfigurationsfehlern in sicherer Verwahrung ist.

Kapitel 10

Best Practice

Wenn alles funktioniert, geht es nur noch darum, Kleinigkeiten zu verbessern und Arbeitsabläufe zu vereinfachen. Dieses Kapitel gibt Tipps für Handgriffe und Vorgehensweisen, die beim Betrieb des Clusters nicht alltäglich sind.

Cluster erweitern

Ein nachträglicher Ausbau des Clusters muss *einheitlich* erfolgen. Wenn die Speicherkapazität erweitert werden soll, erhält jeder HX-Server dieselbe Anzahl zusätzlicher Laufwerke derselben Größe. Ein weiterer Server darf in seiner Hardwareausstattung ebenfalls nicht von den bestehenden Maschinen abweichen.

Mit jedem weiteren Laufwerk wächst die Gesamtkapazität. Die praktische Durchführung dazu ist einfach: Datenträger in den nächsten freien Slot des Servers einstecken und kurz warten. Nach wenigen Minuten zeigt *Hyper-Flex Connect* die neue Kapazität an. Durch den Replikationsfaktor (vgl. Kap. 8) wächst der Datenpool nicht um die vollständige Größe des neuen Datenträgers.

Hinweis

Etwa 30% jedes Laufwerks trägt zur Gesamtkapazität des HX-Clusters bei (RF=3).

Der Datastore vergrößert sich nicht automatisch. Dieser muss unter *Manage* → *Datastores* einmalig auf den neuen Wert angepasst werden.

Wenn das Cluster um weitere Server wachsen soll, muss der HX-Installer dafür bemüht werden (vgl. Kap. 3). Der Arbeitsauftrag im ersten Schritt lautet dann *Expand Cluster*. Die folgenden Schritte entsprechen weitgehend der Erstinstallation von Seite 37, wobei die Netzbereiche nicht neu festgelegt werden müssen.

Wenn die Konfiguration des Clusters als JSON-Datei vorliegt (siehe Seite 41), lässt sie sich für die Erweiterung nutzen, um Tipparbeit zu sparen. Der HX-Installer bemerkt alle Änderungen seit der Ersteinrichtung und berücksichtigt sie in seiner Vorbereitung.

Nachdem der Installer die neuen Server ins Cluster eingebracht hat, muss der Vorgang mit dem `post-install`-Skript von Seite 42 abgeschlossen werden. Der passende Eintrag ist dann: `2. Expanded Cluster`.

Zugriff auf den Datastore

Die Hypervisoren der HX-Server haben automatisch Zugriff auf den Datastore – sonst niemand! Für besondere Anwendungsfälle und Migrationen kann der Datastore seine Pforten öffnen.

Die Storage Controller können per Befehl `stcli` (vgl. Kap. 8) den Zugriff von weiteren Rechnern gewähren. Im folgenden Beispiel soll ein Linux-Server außerhalb des HyperFlex-Clusters auf den Datastore zugreifen. Der Clustermaster erlaubt den Zugriff einmalig:

```
stcli security whitelist add --ips 10.6.100.33
```

Anschließend kann der Server mit dem regulären `mount`-Befehl den Datastore im lokalen Dateibaum einhängen und darauf zugreifen. Der NFS-Export heißt automatisch genauso wie der Datastore:

```
mount -t nfs 10.6.160.180:/DataStore01 /mnt
```

Der Vorgang ist nicht kennwortgeschützt – nach erfolgreichem `mount` hat der Server Vollzugriff auf die virtuellen Festplatten der VMs.

Leistungsmessung

Wie viele Schreib-/Lese-Operationen kann der Anwender von seiner Hyper-Flex-Plattform erwarten? Die Anzahl der I/O-Zugriffe pro Sekunde (IOPS) ist limitiert durch die verwendeten Laufwerke, die Verarbeitungsdauer im Server und die Arbeitsweise der Storage Controller (vgl. Kap. 8). Eine Leistungsmessung kann von einer einzelnen virtuellen Maschine ausgehen, oder den gesamten HX-Server umfassen.

Eine erste Abschätzung liefert eine Linux-VM mit einer Software zum Messen von IOPS. Ein beliebtes Kommando dazu ist fio [16]. Es ist vielseitig und misst zufällige Lese-/Schreibzugriffe auf die (virtuelle) Festplatte. Die Messung beginnt mit einem Lesetest:

```
fio --randrepeat=1 --ioengine=libaio --direct=1 --gtod_reduce=1 \
  --name=test --filename=test --bs=4k --iodepth=64 --size=4G \
  --readwrite=randread
```

Dieser Test erstellt eine 4-GB-Datei und liest daraus zufällige 4-KB-Blöcke mit 64 parallelen Threads. Die Bedingungen sind beispielhaft und entsprechen grob dem Verhalten einer Datenbank.

Während der Leistungsmessung zeigt die Webseite von *HyperFlex Connect* die erreichten IOPS-Werte (links in Abbildung 10.1 auf der nächsten Seite). Seine Ergebnisse schreibt fio als Kommandoausgabe. Aus der Vielzahl von Auswertungen sticht der Messwert für IOPS heraus:

```
read: IOPS=52.4k, BW=205MiB/s (215MB/s)(4096MiB/20013msec)
```

Anschließend startet die fio-Messung erneut; diesmal mit dem Parameter --readwrite=randwrite. Das Ergebnis zeigt sich in Abbildung 10.1 im rechten Bereich und in der Kommandoausgabe als:

```
write: IOPS=19.2k, BW=75.1MiB/s (78.7MB/s)(4096MiB/54551msec)
```

Die Storage Controller sind bestrebt, die IOPS konsistent unter den virtuellen Maschinen aufzuteilen. Nach dieser Vorgabe erhält eine einzelne VM nicht die volle Bandbreite des Datenpools, sondern nur eine realistische Menge an I/O-Zugriffen pro Sekunde.

Auf dieses Verhalten ist Cisco besonders stolz, denn es gibt den virtuellen Festplatten ein einheitliches Verhalten. Wenn zwei VMs im HX-Cluster die fio-Messung gleichzeitig durchführen, wird jede VM einen IOPS-Schreibwert von etwa 19.200 erreichen.

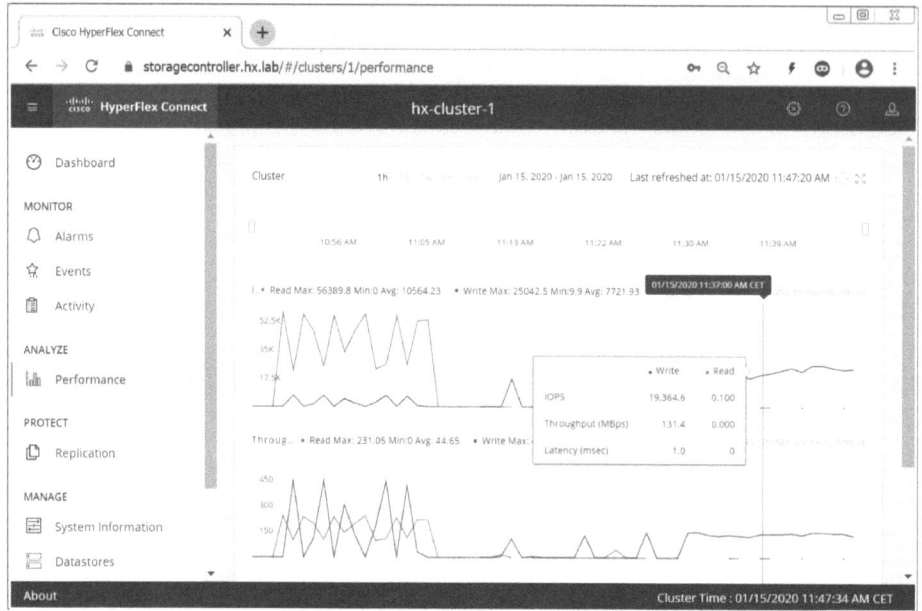

Abbildung 10.1: *HyperFlex Connect* zeigt die gelieferten IOPS-Werte

HxBench

Für die Leistungsmessung des HyperFlex-Speichers spendiert Cisco die Software *HxBench* [17]. HxBench läuft als virtuelle Maschine im HyperFlex-Cluster und kann mehrere Testszenarien durchführen. Für die Messung setzt HxBench auf das Open-Source-Werkzeug *Vdbench* von Oracle, welches auf I/O-Messungen spezialisiert ist. Zusammen simulieren sie Workloads auf den HyperFlex-Servern und präsentieren anschließend das ermittelte I/O-Verhalten.

Vor der Installation benötigt HxBench ein eigenes VLAN im UCS-Manager und auf dem passenden virtuellen Switch im vCenter. Über dieses VLAN kommuniziert die HxBench-VM mit ihren Messpunkten, die ebenfalls als virtuelle Maschinen arbeiten.

HxBench kommt als OVA-Datei, die sich ins vCenter importieren lässt. Während des Imports informiert sich das Dialogfenster nach dem neuen VLAN, dem Managementnetz und seiner IP-Adresse. Nach dem Start der erstellten VM ist diese über die gewählte IP-Adresse per Webbrowser erreichbar. Die

Zugangsdaten sind vorgegeben: *appadmin* als Benutzer mit dem Kennwort *password*.

Nach dem ersten Login erwartet HxBench die Software Vdbench als ZIP-Datei per Webupload. Wichtig ist hierbei die vorgegebene Version hochzuladen, auch wenn es eine neuere Variante im Downloadportal von Oracle gibt.

Danach erfragt HxBench den Namen und die Zugangsdaten des vCenters, auf dem die virtuellen Maschinen für die Messung entstehen sollen. Damit ist die Fragestunde beendet und HxBench kann mit der ersten Messung beginnen.

In Abbildung 10.2 hat HxBench den HyperFlex-Speicher in einem langen Test (long) auf eine virtuelle Serverinfrastruktur (VSI) untersucht.

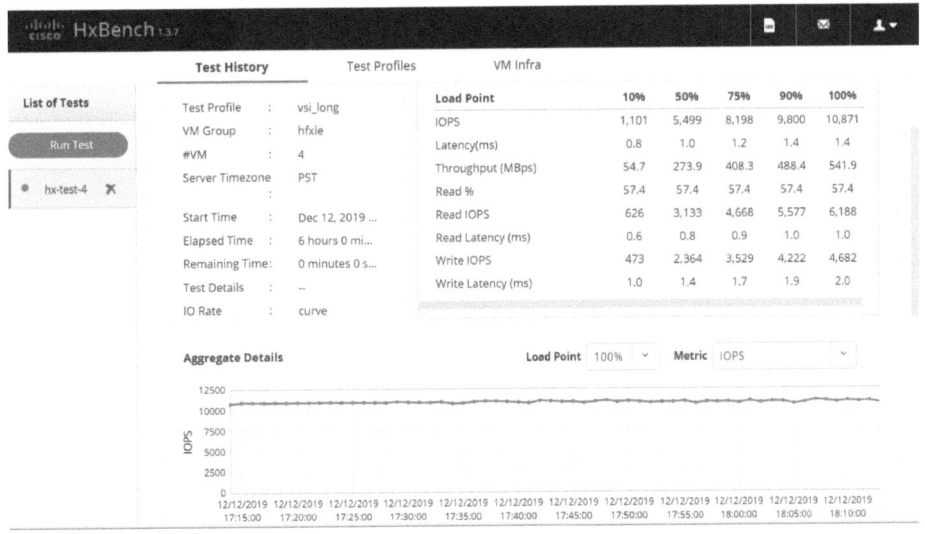

Abbildung 10.2: *HxBench* ermittelt und präsentiert die Testergebnisse

Die vorgegebenen Testprofile messen das HX-Cluster auf Basis-Workloads und spezielle Anforderungen für VSI, VDI und SQL. Darüber hinaus lassen sich eigene Profile erstellen, in denen Lese-/Schreibmix, IO-Typ, Blockgröße, Deduplizierung, Komprimierung und der Testumfang frei wählbar sind.

Sizing

Wie groß sollte das neue HyperFlex-Cluster sein, um die Anforderungen der Kundenumgebung abzudecken und zukünftige Erweiterungen zu ermöglichen? Alternativ zur klassischen Form des Sizings „Hingucken und Raten" bietet sich eine genaue Analyse der bestehenden Umgebung an.
Cisco vereinfacht das Sizing und den Weg zur passenden HyperFlex-Hardware mit dem *HX Workload Profiler* [18]. Das Programm ist eine Art „vCenter Charakterisierung-Tool", welches die genutzte Leistung einer vCenter-Installation einschätzen soll. Die Anwendung kommt als OVA-Datei und läuft als virtuelle Maschine. Sie beobachtet tagelang die vorhandene vCenter-Infrastruktur und fragt die ESXi-Hosts nach Leistungsdaten und Auslastung. Nach einer Woche kennt der Workload-Profiler die Umgebung und kann die verwendete Rechen- und Speicherleistung gut einschätzen. Die Auswertung ergibt, wie viele virtuelle CPUs und Arbeitsspeicher im Einsatz sind, und wie stark der Storage ausgelastet ist (Abbildung 10.3). Dabei präsentiert der Workload-Profiler die aggregierten Werte für das Gesamtsystem oder für die einzelnen ESXi-Server.

Abbildung 10.3: Der *HX Workload Profiler* beobachtet die Kundenumgebung

Der Workload-Profiler kennt jetzt die Leistungsdaten und stellt sie in der *Datacenter Inventory*-Übersicht zum Download bereit. Die Download-Option *Summary report for Hx Sizer upload* verrät schon die nächsten Schritte, denn die generierte Datei enthält die Messdaten im passenden Format für das Sizing-Tool.

Der *HyperFlex Sizer* ist eine cloudbasierte Webanwendung, die ein Szenario mit verschiedenen Workloads durchspielt, um am Schluss die passende Hardware für eine HyperFlex-Infrastruktur zu empfehlen. Zu den Anwendungsfällen zählen VDI, VSI, Datenbanken, Splunk, Microsoft Exchange, Kubernetes Container und Maschinenlernen. Der Workload *File Upload on HX* erwartet die Datei vom Workload-Profiler als Datengrundlage für das Szenario.

Wie viele Server und Laufwerke das HX-Cluster enthalten wird, ist ebenfalls abhängig vom Replikationsfaktor, von den geschätzten Reduzierungen durch Komprimierung und Deduplizierung, und zuletzt von der gewünschten Hardwarereserve. Die Parameter erfragt der Sizer in Abbildung 10.4, bevor er die Empfehlung aussprechen kann.

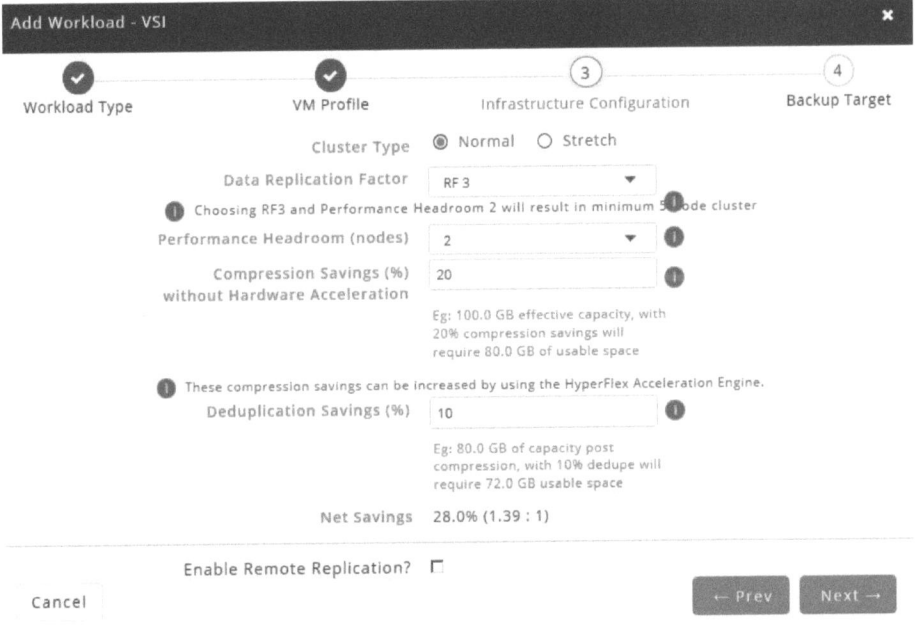

Abbildung 10.4: Planung des Clusters im *HyperFlex Sizer*

Für die Infrastruktur aus Abbildung 10.3 und die Annahmen aus 10.4 empfiehlt der *HyperFlex Sizer* ein All-Flash-Cluster aus sechs Servern vom Typ HXAF-240M5SX mit jeweils 1536 GB Arbeitsspeicher und 12 Laufwerken zu 3,8 TB. Diese Empfehlung in Abbildung 10.5 variiert mit den Schwellen-werten, Servertypen und eigenen Vorgaben.

Abbildung 10.5: Die Hardware-Empfehlung vom *HyperFlex Sizer*

Wenn die Empfehlung passt, kann der Download-Button daraus eine voll-ständige Stückliste generieren, welche die Grundlage für eine Preisinfor-mation oder ein Angebot wird. Bei nachträglichen Änderungen an den Servermodellen gibt es eine wesentliche Einschränkung:

Hinweis

Alle Server im HyperFlex-Cluster müssen identisch ausgestattet und vom selben Modell sein. Ein Mischen von HXAF240c und HX220c ist nicht möglich. Ausnahme sind die verschiedenen Generationen einer Modellreihe, z. B. Generation M4 und M5 darf im selben Cluster eingesetzt werden.

Neues VLAN

Der HyperFlex-Installer legt vier VLANs im Fabric Interconnect an und erstellt die entsprechenden virtuellen Netze im vCenter und damit auf den ESXi-Servern (vgl. Kap. 7). Wenn im laufenden Betrieb ein weiteres VLAN benötigt wird, kann der HX-Installer auch nachträglich auf den Fabric Interconnect ein VLAN und ein VNIC-Template anlegen. Passend dazu erstellt der Installer auf den Hypervisoren die gleichnamige Portgruppe.

Den erforderlichen Arbeitsschritt übernimmt das Skript post_install aus Kapitel 3 mit dem Zusatz --vlan. Genau wie bei der Erstinstallation erfragt das Skript die Zugangsdaten der Clusterkomponenten und zusätzlich eine VLAN-Nummer und den Namen der Portgruppe im vCenter.

```
root@HyperFlex-Installer:~# post_install --vlan
Logging in to controller 10.6.160.180
[...]
 Port Group Name to add (VLAN ID will be appended to the name): REPL
 VLAN ID: (0-4096) 162
 Adding VLAN 162 to FI
 Adding VLAN 162 to vm-network-a VNIC template
 Adding REPL-162 to hx-node-1.example.net
 Adding REPL-162 to hx-node-2.example.net
 Adding REPL-162 to hx-node-3.example.net
Add additional VM network VLANs? (y/n) n
```

Nach vollbrachter Arbeit taucht der neue Netzbereich im vCenter auf und zeigt sich in Abbildung 10.6.

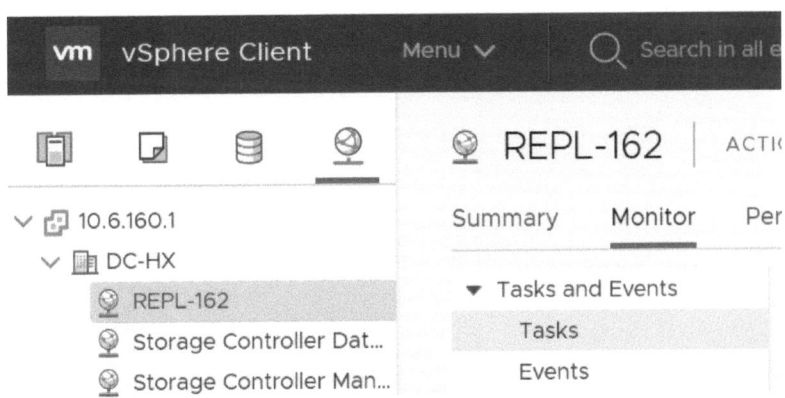

Abbildung 10.6: Das neue VLAN erscheint im vCenter als Portgruppe

Lokations-LED

Ein großes HyperFlex-Cluster besteht aus mehreren Rackschränken voller Server, die alle identisch aussehen. Beim Austausch eines Servers muss dieser einwandfrei identifiziert werden können, damit nicht versehentlich das falsche Gerät abgebaut wird. Bei den Laufwerken verhält es sich ähnlich. Die Einschübe sind zwar durchnummeriert, aber es gibt eine zuverlässigere Methode, um den gesuchten Server oder Datenträger zu bestimmen.

Jeder HyperFlex-Server und jeder Laufwerksrahmen hat eine Lokations-leuchte, die per Verwaltungsoberfläche (oder API) an- und ausschaltbar ist. Die LED am Server triggert der UCS-Manager im Abschnitt *Equipment* mit der Aktion *Turn on Locator LED*. Für die Leuchtfunktion der Laufwerke ist zusätzlich *HyperFlex Connect* zuständig, welcher den gleichnamigen Button bei *Manage → System Information → Disks* platziert.

Abbildung 10.7 zeigt einen HyperFlex *HX220c M5*-Server mit leuchtenden LEDs für den Server in Blau und für ein Laufwerk in Orange. Bei montierter Blende sind die LEDs allerdings schlecht sichtbar.

Abbildung 10.7: Die Lokations-LEDs markieren Server und Laufwerke

Kapitel 11

Ausblick

Ein HyperFlex-Cluster gibt es in unterschiedlichen Varianten: für kleine Umgebungen oder verteilt auf mehrere Standorte. Der Entwurf und die Installation variieren, während die eingesetzten Server stets die Gleichen sind. Dieses Kapitel gibt einen Ausblick auf Konzepte, die mit HyperFlex möglich sind, aber bisher nicht beschrieben wurden.

Stretched Cluster

Ein *Stretched Cluster* ist *ein* Cluster, welches seine Server in zwei Standorte aufteilt. Diese Standorte können unterschiedliche Brandabschnitte, Gebäude oder Liegenschaften sein. Durch die geografische Verteilung wird die Infrastruktur unanfälliger gegenüber Störungen, denn das Cluster und der Datenbestand sind selbst nach dem Ausfall eines Standorts immer noch verfügbar.
Die Anforderungen für ein Stretched Cluster sind höher als für ein reguläres Cluster. Zwischen den beiden Standorten muss für die Clusterkommunikation mindestens 10 Gbit/s bereitstehen, die eine Round-Trip-Time von 5 Millisekunden nicht überschreitet. Weiterhin benötigt das Design einen *Witness Server* als unabhängigen Schiedsrichter, der in Streitfragen und Teilausfällen entscheiden muss. Abbildung 11.1 zeigt beispielhaft den Aufbau eines Stretched Clusters.

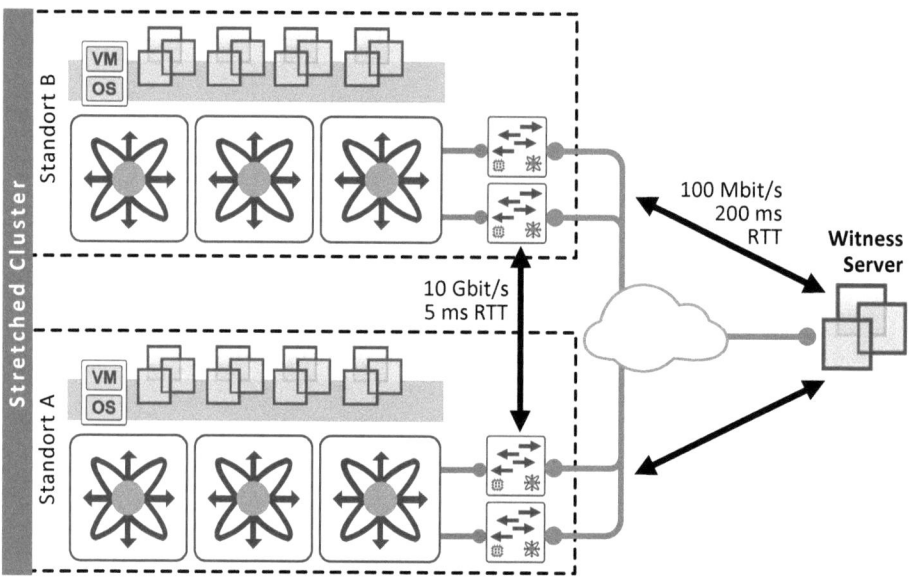

Abbildung 11.1: Stretched Cluster mit Witness Server

Achtung

Es gibt (noch) keinen Migrationspfad von einem normalen Cluster zu einem Stretched Cluster.

Ein Stretched Cluster hat in jedem Standort mindestens zwei vollwertige Server und maximal 16. Für jedes Teilcluster müssen zwei modellgleiche Fabric Interconnect verbaut sein. Alle HX-Server des Clusters registrieren sich im selben vCenter und stellen sich als einheitliche HyperFlex-Umgebung dar. Weitere Einschränkungen und Anforderungen zu VLANs, UCS-Manager, Compute-Server und VMware beschreibt der *Stretched Cluster Guide* [19].

Hinweis

Das Stretched Cluster benötigt die HyperFlex *Enterprise*-Lizenz und bevorzugt die VMware *Enterprise Plus*-Lizenz des vCenters (vgl. Kap. 2).

Der Witness Server ist eine virtuelle Maschine, die außerhalb des Stretched Clusters läuft. Sie ist fester Bestandteil der Cluster-Infrastruktur. Wenn die

Netzverbindung zwischen den Clusterstandorten unterbrochen ist, wird der Witness Server zum Entscheider. Der Standort des Witness Servers darf nicht mehr als 200 Millisekunden entfernt sein und sollte mindestens 100 Mbit/s Bandbreite haben. Die IP-Adresse des Witness Servers kann nach der Installation des Clusters nicht mehr verändert werden.

Die Witness-VM entsteht aus einer Vorlage, die Cisco im Downloadportal als OVA-Datei bereitstellt. Während des Importvorgangs erfragt der Dialog die IP-Adresse, die später beim Aufbau des Stretched Clusters benötigt wird. Nach dem Start der VM ist der Witness Server einsatzbereit.

Nach diesen Vorbereitungen kann das Stretched Cluster installiert werden. Dazu läuft der HyperFlex-Installer (vgl. Kap. 3) insgesamt drei Mal: für Standort A, für Standort B und noch mal zum Verbinden der beiden Teilcluster.

Die einzelnen Schritte des HX-Installers ähneln stark dem Aufbau eines Standalone-Clusters: Server auswählen, UCS-Manager konfigurieren und Hypervisor einrichten. Mit diesen Schritten entsteht pro Standort ein Teilcluster. Danach muss der HX-Installer noch mal ran, verteilt IP-Adressen, installiert die Storage Controller und baut zuletzt das Cluster zusammen.

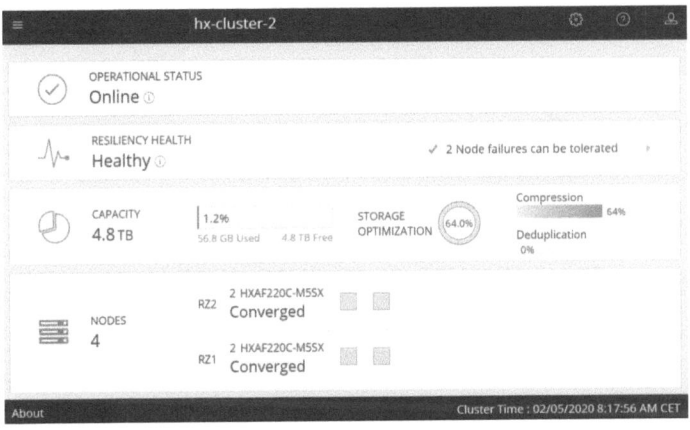

Abbildung 11.2: *HyperFlex Connect* zeigt einen Stretched Cluster

Die Weboberfläche *HyperFlex Connect* zeigt das Cluster in Abbildung 11.2 und unterscheidet bei den Servern stets, zu welchem Clusterstandort sie gehören.

Datastore

Der Replikationsfaktor ist auf 2+2 festgelegt. Damit hat jeder Standort einen Replikationsfaktor von 2 für seine eigenen Datenblöcke und zusätzlich den Faktor 2 für Datenblöcke des anderen Standorts. In Summe liegt jeder Datenblock viermal im Cluster vor. Diese hohe Redundanz ist notwendig, um den Ausfall aller Server eines Standorts zu tolerieren.

Hinweis

Durch den Replikationsfaktor von vier (2+2) trägt jeder Datenträger mit etwa 22% zur Gesamtkapazität des HyperFlex-Clusters bei.

Beim Stretched Cluster hat jeder Datastore einen heimatlichen Standort (*Site Affinity*). Damit können die Storage Controller die gesuchten Datenblöcke einer VM schneller finden und bereitstellen. Für die optimale Nutzung des Datenpools empfiehlt Cisco *zwei* Datastores – jeweils einer pro Standort (Abbildung 11.3).

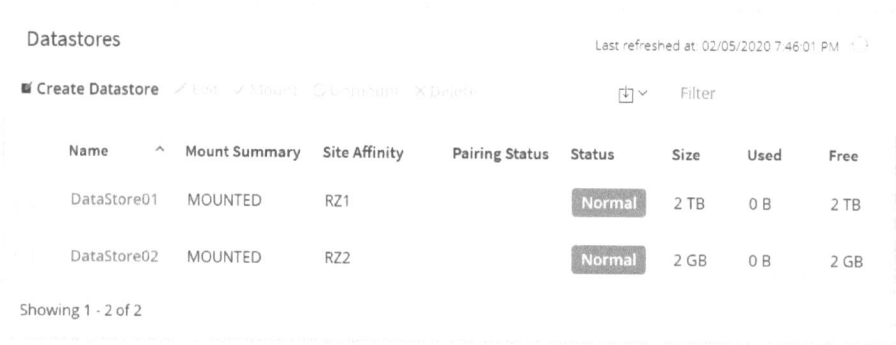

Abbildung 11.3: Der Datastore hat eine Affinität zu einem der Standorte

Jede virtuelle Maschine hat im Cluster folglich einen bevorzugten Standort und den passenden Datastore dazu. Bei Wechsel des Standorts via vMotion sollte die VM auch den Datastore wechseln, um das Optimum an Leistung und Ausfallschutz zu behalten.

Replizierung

In einem Stretched Cluster replizieren sich die Daten symmetrisch zwischen den Servern beider Standorte. Der *Replication*-Dienst dagegen erstellt Snapshots von ausgewählten virtuellen Maschinen und kopiert diese in regelmäßigen Abständen in den Datastore eines weiteren HyperFlex-Clusters. Damit liegt stets eine aktuelle Kopie der VMs in einem zusätzlichen Speicherort. Das minimale Intervall der Kopiervorgänge ist fünf Minuten, der maximale Abstand beträgt 24 Stunden.

Beim Ausfall des primären Clusters kann die Kopie der VM im sekundären Cluster starten und ist mit Verzögerung wieder verfügbar.

Die Replizierung von VMs ist eine Alternative zu einem Stretched Cluster, wenn dieses aufgrund der Round-Trip-Time oder der benötigten Bandbreite nicht realisierbar ist.

Edge Cluster

Das *HyperFlex Edge*-Cluster [20] ist genau das Gegenteil vom Stretched Cluster, da es mit weniger Servern auskommt und für kleine Umgebungen und Außenstellen konzipiert ist. Das Edge-Cluster besteht aus zwei bis vier Servern der HX220c-Serie (vgl. Kap. 2), wahlweise mit klassischen Festplatten oder SSDs, aber kein NVMe. Die Server benötigen kein Fabric Interconnect, sondern kommen mit einem VLAN-fähigen Gigabit-Switch aus.

Der interne Aufbau des Edge-Clusters entspricht dem regulären HX-Cluster aus Abbildung 2.4 auf Seite 26, mit Ausnahme des FI. Die HX-Server benötigen vier VLANs und verbinden diese mit den vier virtuellen Switches. Darin adressieren sich die Managementzugänge und vMotion-Adapter.

Die Installation eines Edge-Clusters benutzt den bekannten HX-Installer aus Kapitel 3, wobei der Workflow hier *Create Edge Cluster* heißt. Danach beginnen die Fragen nach den Zugangsdaten zum vCenter, Hypervisor und Managementzugang der Server, gefolgt von IP-Adressen und Einstellungen zum Cluster. Die Wahl des Replikationsfaktors entfällt, denn ein Edge-Cluster benutzt stets einen Faktor von zwei.

Wenn der HX-Installer mit seiner Arbeit fertig ist, können die Nacharbeiten beginnen: `post_install`-Skript (vgl. Kap. 3), Datastore im *HyperFlex*

Connect anlegen und virtuelle Maschinen verschieben. Danach verhält sich das Edge-Cluster wie ein kleines HyperFlex-Cluster.

Verschlüsselte Datenträger

Wenn die Sicherheit der gespeicherten Daten im Fokus steht, kann das HX-Cluster verschlüsselte Laufwerke nutzen. Dazu bietet Cisco *Self-Encrypting Drives* (SED) an. In diesen Laufwerken ist zusätzlich zum Speicherbereich eine Kryptoeinheit verbaut, die Daten vor dem Schreiben verschlüsselt und vor dem Lesen entschlüsselt. Für das Betriebssystem verhält sich der SED-Datenträger wie ein reguläres Laufwerk.
Bei der Planung von HX-Clustern mit verschlüsselten Laufwerken ist folgendes zu beachten:

- Der Einsatz von SED-Laufwerken gilt für das gesamte Cluster. Ein Mix mit regulären Datenträgern ist nicht gestattet.

- Die SED-Laufwerke sind bei gleicher Kapazität ca. 20-25% teurer als ihre unverschlüsselten Varianten. Wenn die SED dem US-Standard *FIPS 140-2* entsprechen soll, kommt noch mal knapp 20% Aufschlag dazu.

- Nicht jede Laufwerksgröße gibt es als SED. Beispielsweise sind die 7.6 TB-Datenträger (noch) nicht als SED verfügbar.

Eine gesonderte Form der Installation oder Lizenzierung gibt es nicht. Der Sicherheitsschlüssel für die SEDs liegt im *HyperFlex Connect* oder in einem zentralen Key-Management-Server.

Literaturverzeichnis

[1] Cisco Systems: *Cisco HyperFlex Systems Documentation Roadmap* 2020.
`https://www.cisco.com/c/en/us/td/docs/hyperconverged_systems/HyperFlex_HX_DataPlatformSoftware/HX_Documentation_Roadmap/HX_Series_Doc_Roadmap.html`

[2] VMware, Inc: *Compare VMware vSphere Edition*. 2019.
`https://www.vmware.com/content/dam/digitalmarketing/vmware/en/pdf/vsphere/vmw-flyr-comparevsphereeditions-uslet.pdf`

[3] Cisco Systems: *Cisco HyperFlex Systems Ordering and Licensing Guide* 2020.
`https://www.cisco.com/c/en/us/td/docs/hyperconverged_systems/HyperFlex_HX_DataPlatformSoftware/b_Cisco_HyperFlex_Systems_Ordering_and_Licensing_Guide.pdf`

[4] Cisco Systems: *Preinstallation Checklist for Cisco HX Data Platform* 2019.
`https://www.cisco.com/c/en/us/td/docs/hyperconverged_systems/HyperFlex_HX_DataPlatformSoftware/HyperFlex_Preinstall_Checklist/b_HX_Data_Platform_Preinstall_Checklist.html`

[5] Cisco Systems: *How to Deploy vCenter on the HX Data Platform* 2019.
`https://www.cisco.com/c/en/us/td/docs/hyperconverged_systems/HyperFlex_HX_DataPlatformSoftware/TechNotes/Nested_vcenter_on_hyperflex.html`

[6] Cisco Systems: *Recommended Cisco HyperFlex HX Data Platform Software Releases - for Cisco HyperFlex HX-Series Systems*. 2020. https://www.cisco.com/c/en/us/td/docs/hyperconverged_ systems/HyperFlex_HX_DataPlatformSoftware/ release-guidelines-and-support-timeline/ b-recommended-hx-data-platform-sw-releases.html

[7] Cisco Systems: *Cisco HyperFlex Data Platform Administration Guide, Release 4.0*. 2020. https://www.cisco.com/c/en/us/td/docs/hyperconverged_ systems/HyperFlex_HX_DataPlatformSoftware/AdminGuide/4_ 0/b_HyperFlexSystems_AdministrationGuide_4_0.html

[8] VMware, Inc: *VMware vCenter Converter Standalone SDK*. 2016. https://www.vmware.com/support/developer/converter-sdk/

[9] VMware, Inc: *Cross vCenter Workload Migration Utility* 2020. https://flings.vmware.com/ cross-vcenter-workload-migration-utility

[10] Cisco Systems: *Cisco HX Data Platform Security Hardening Guide* 2020. https://www.cisco.com/c/dam/en/us/support/docs/ hyperconverged-infrastructure/ hyperflex-hx-data-platform/HX-Hardening_Guide.pdf

[11] Cisco Systems: *Cisco HyperFlex Data Platform CLI Guide*. 2020. https://www.cisco.com/c/en/us/td/docs/hyperconverged_ systems/HyperFlex_HX_DataPlatformSoftware/CLIGuide/4_0/ b_HyperFlexSystems_CLIReferenceGuide_4_0.html

[12] Ethan Galstad: *Nagios: The Industry Standard In IT Infrastructure Monitoring*. 2020. https://www.nagios.org/

[13] Herwig Grimm: *Nagios plugin to monitor Cisco UCS rack and blade center hardware*. 2018. https://github.com/hgrimm/check_cisco_ucs

[14] Martin Fuerstenau: *check_vmware_esx for VMware Monitoring* 2019. https://github.com/BaldMansMojo/check_vmware_esx

[15] William Lam: *ghettoVCB*
2019. https://github.com/lamw/ghettoVCB

[16] Jens Axboe: *Flexible I/O Tester*
2020. https://github.com/axboe/fio

[17] Cisco Systems: *HX Bench*. 2019.
https://hyperflexsizer.cloudapps.cisco.com/ui/index.html#/hx_bench

[18] Cisco Systems: *Cisco HyperFlex Workload Profiler*. 2020.
https://www.cisco.com/c/en/us/td/docs/hyperconverged_systems/HyperFlex_HX_DataPlatformSoftware/HyperFlex_Tools/b-cisco-hx-workload-profiler.pdf

[19] Cisco Systems: *Cisco HyperFlex Systems Stretched Cluster Guide*
2020. https://www.cisco.com/c/en/us/td/docs/hyperconverged_systems/HyperFlex_HX_DataPlatformSoftware/HyperFlex_Stretched_Cluster/4_0/b_HyperFlex_Systems_Stretched_Cluster_Guide_4_0.pdf

[20] Cisco Systems: *Cisco HyperFlex Edge Deployment Guide*. 2020.
https://www.cisco.com/c/en/us/td/docs/hyperconverged_systems/HyperFlex_HX_DataPlatformSoftware/Edge_Deployment_Guide/b_HyperFlex_Edge_Deployment_Guide_4_0.pdf

[21] Daniel Stenberg: *curl: command line tool and library*
2020. https://curl.haxx.se/

Stichwortverzeichnis

Access Token, 125
Adresse, 25
Alarm, 45, 51, 88
All Flash, 21
Ansible, 77
API, 66, 89, **125**
Arbeitsspeicher, 80
Architektur, 19, 91
Ausfall, 59, 71, 83
Ausfallschutz, 51
Ausgleich, 52
Austausch, 54
Automatisierung, 62, 66

Backup, 94
Bandbreite, 57, 109
Befehl, 83
Benchmark, 101
Best Practice, 99, 112
Block, 52, 55, 79
Bluescreen, 55
Browser, 76

CA, 75
Cache, 21, 51, 78, 79
CallHome, 69
Check, 91
Checkliste, 27
Claim Code, 92

CLI, 55, 83
Cloud, x, 92
Cluster, 22, 31, 41, 54, 82, 84, 96
    Edge, 113
    erweitern, 99
    Stretched, 109
CNA, 22
Compute Node, 21, 25
Converged Node, 20
Converter, 60
Credential, 38, 70
curl, 66, 125

Dashboard, 45, 88
Data Platform, 48
Datastore, 46, 55, 78, 84, 100, 112
Dateisystem, 79
Datensicherung, 94
Datenträger, 52, 114
Deduplizierung, 16, 81
Defekt, 51
Destaging, 81
Drittanbieter, 16

E-Mail, 88, 96
Edge, 25
Edge Cluster, 113
Einrichtung, 31
Einsparung, 16

Enterprise, 25, 110
Equipment, 33
Errata, 123
ESXi, 34, 48, 72, 82
Export, 41, 82

Fabric Interconnect, **22**, 31, 57
Festplatte, 52
FI, *siehe* Fabric Interconnect
fio, 101
FIPS, 114
Firewall, 67, 69
Firmware, 36
Flash, 21, 43, 81
FlexPod, 14

Gesundheit, 51
GhettoVCB, 96
GitHub, 123

Hash, 80
HCI, 15
HX-Installer, 37, 107
HX-Serie, 21
HxBench, 102
Hybrid-Server, 21, 81
HyperFlex Connect, 44, **45**, 87, 111
Hyperkonvergent, 15
Hypervisor, 28, 39, 56

Import, 37, 95
Installation, 31
Installer, 37, 77, 111, 113
Intersight, 69, 92
IOPS, 79, 101
IOVisor, 80
IP-Adresse, 25, 38
iptables, 67, 85

Java, 62, 82
JSON, 41, 66, 96, 100, 126

Kapazität, 79
Kennwort, 39, 70
Kommandozeile, 55, 66, 83
Komprimierung, 16, 81
Konfiguration, 123
Konsistenz, 55
Konsole, 31, 34, 42
Konvergent, 14
Kopie, 52
Korrekturverzeichnis, 123
KVM, 34

Labor, 28, 123
Laufwerk, 78, 96, 108
    Boot, 47
    Kapazität, 21, 79
LED, 108
Leistung, 101
Lese-Zugriff, 55, 79, **81**
Linux, 83, 101
Lizenz, xi, 24, 62, 84, 110, 114
Lockdown Mode, 70
Log, 65, **72**, 82, 88
Logdatei, 79

MAC-Adresse, 38
Management, 23, 69
Messung, 101
Migration, 59, 110
Monitoring, 54, 82, 87

Nagios, 91
Netzwerk, 22
NFS, 79, 82, 96, 100
Nginx, 77, 84

Node, 20
NVMe, 21

Offline, 54, 90
Online, 55
Open-Source, 82, 91
Organisation, 39
OVA-Datei, 37, 77, 102, 111

Passwort, 70
Planung, 27
Playbook, 77
Plug-in, 43, 59, 91
Portgruppe, 24, 63
Post-Install, 42, 107
Profil, 104
Programmierschnittstelle, **125**
Python, 82, 91, 127

Redundanz, 51, 112
Referenzdesign, 14
Replikationsfaktor, 41, 52, 81, 112, 113
Replizierung, 113
Resiliency Health, 51
REST, 125
Restore, 94
Reverse-Proxy, 67
Richtlinie, 53, 70
Round-Trip-Time, 109, 113

Schlüssel, 114, 126
Schlüsselring, 75
Schreib-Zugriff, 78, **80**
Self-Encrypting, 114
Server, 20, 21, 55, 90, 108
    -port, 33
    Witness, 109

Setup, 31
Sicherheit, 67, 69, 80
Sicherung, 94
Site Affinity, 112
Sizing, 104
Smart Licensing, 25
Snapshot, 95
SpringPath, 17, 78, 88
SSD, 78
SSH, 42, 70, 77
Störung, 51
Standort, 111
stcli, 83, 100
Storage, 23
Storage Controller, 28, 55, 71, 74, 78, 82, 96
storfs, 82
Stretched Cluster, 25, **109**
Switch, 22, 64, 71, 113
Syslog, 72, 88

TLS, 72
Trustpoint, 75

Ubuntu, 77
UCS, 17
UCS-Manager, 32, 43, 72, 75, 94, 108
UCS-Server, 34, 48
Update, 47, 85
Uplink Port, 33

VBlock, 15
vCenter, 27, 35, 43, 60, 72
Vdbench, 102
Vendor-Lock-in, 16
Verschlüsselung, 114
Version, 36, 59, 94

Verwaltung, 69
Virtuelle Maschine, 47, 95
VLAN, 24, 27, 38, 71, 83, 107
VMDK, 80
vMotion, 23, 62, 71, 112
VMware Converter, 60
vmx, 55

Wartungsmodus, 90
Web CLI, 55, 83
Witness Server, 109
Workflow, 37, 42
Workload, 16, 102, 104

xvMotion, 62

Zertifikat, 72, **74**
Zugangsdaten, 38
Zugriffstoken, 125

Anhang A

Zusatzmaterial

Die abgedruckten Beispiele in den vorherigen Kapiteln enthalten stets nur einen Ausschnitt, der zum jeweiligen Thema passt. Die vollständige Konfiguration aller Geräte ist online verfügbar unter

```
https://hyperflex-im-einsatz.github.io
https://github.com/hyperflex-im-einsatz
```

Dort befindet sich zusätzliches Material, das den Umfang des Buchs gesprengt hätte.

- Netzdiagramm der Laborumgebung,

- Errata (Korrekturverzeichnis),

- Skripte und Konfiguration, die in den Kapiteln teilweise gekürzt abgedruckt sind oder nur erwähnt werden.

Anhang B

Programmierschnittstelle

Der Zugriff auf *HyperFlex Connect* ist nicht nur über die Weboberfläche möglich, sondern auch über eine Programmierschnittstelle. Während der Webzugriff für den menschlichen Anwender konzipiert ist, eignet sich die Programmierschnittstelle für Zugriffe von Maschinen, Skripten und Monitoringsystemen.

Das HyperFlex-Cluster stellt seine Methoden per *Application Programming Interface* (API) zur Verfügung. Die Bedienung der API ist unabhängig von einer Programmiersprache. Die Programmierschnittstelle folgt dem *Representational State Transfer*-Prinzip (REST). Die Arbeitsweise von REST basiert auf einer Client-Server–Architektur: Der Client stellt die Fragen und der Server gibt die Antworten. Die Verbindung zwischen den Partnern ist zustandslos, d. h. in der Anfrage sind stets alle notwendigen Informationen enthalten, die der Server für seine Antwort benötigt.

Access Token

Bevor es losgeht, benötigt der Client Zugriffsrechte auf die Funktionen der API. Dieser Zugriff ist vergleichbar mit der Benutzeranmeldung auf der Weboberfläche, denn ohne Authentifizierung beantwortet die API gar nichts. Für den Start genügt ein Webclient für die Kommandozeile, wie *curl* [21]. Die API rückt das benötigte *Zugriffstoken* mit folgendem Befehl raus:

```
1  curl --request POST --header 'Content-Type: application/json' \
2    --header 'Accept: application/json' --silent \
3    --data '{ "username":"admin", \
4         "password":"mein-hx-connect-kennwort", \
5         "client_id":"HxGuiClient", \
6         "client_secret":"Sunnyvale", \
7         "redirect_uri":"http://localhost:8080/aaa/redirect" }' \
8    https://storagecontroller.hx.lab/aaa/v1/auth?grant_type=password
```

Für die API dürfen die Angaben in den Zeilen 5 bis 7 nicht verändert werden. Die Zugangsdaten und der Hostname eines Storage-Controllers (Zeile 8) müssen allerdings mit den gewählten Werten während der Installation übereinstimmen (vgl. Kap. 3).

Hinweis

Der API-Schlüssel wird in den folgenden Beispielen verkürzt dargestellt, um die Lesbarkeit der Kommandos zu verbessern.

Bei korrekten Zugangsdaten und erreichbarer Gegenstelle kommt die prompte Antwort als JSON-Botschaft:

```
{
  "access_token": "eyJhbGciOiJIUzI1NiJ9.eyJzdWIiOiJ1c2Vy[...]", \
  "refresh_token": "60a26f51250c327b202c035f8b02b03cb68e[...]", \
  "token_type": "Bearer"
}
```

Damit sind die Formalitäten erledigt und die erste Frage-Antwort–Runde kann beginnen.

Zugriff

Mit dem Zugriffstoken in der einen Hand und dem API-Kommando in der Anderen, kann die Programmierschnittstelle Auskünfte zum angefragten Thema liefern. Im folgenden Beispiel erwartet der Aufruf eine kurze Zusammenfassung des lokalen Clusters.

```
1  curl --request GET --header 'Accept: application/json' \
2    --header 'Authorization: Bearer eyJhbGciOiJIUzI1NiJ9.ey[...]', \
3    'https://storagecontroller.hx.lab/rest/summary' \
4    | python -m json.tool
```

```
 5   {
 6       "activeNodes": "4 of 4",
 7       "address": "10.6.161.180",
 8       "boottime": 1574326009,
 9       "clusterAccessPolicy": "LENIENT",
10       "compressionSavings": 83.162568842380736,
11       "dataReplicationCompliance": "COMPLIANT",
12       "dataReplicationFactor": "THREE_COPIES",
13       "deduplicationSavings": 0.0,
14   [...]
15       "uptime": "6 days 0 hours 19 minutes 53 seconds",
16       "usedCapacity": 88422219776
17   }
```

Die Kommandoverkettung mit *python* in Zeile 4 bewirkt die Aufarbeitung
des JSON-Codes als eingerückter Text mit Zeilenumbrüchen. Die Antwort
des Servers sieht damit optisch vorteilhafter aus. Der tatsächliche Inhalt ist
unverändert, wobei die Antwort hier verkürzt abgedruckt ist.

Damit ist der Zugriff auf die API möglich. Zum Skripten ist die Kommandozeile der ideale Einsatzort. Für die Erkundung der API bringt der Storage-
Controller die Webseite *API-Explorer* mit, welche alle Aufrufe und Optionen
beschreibt:
`https://storagecontroller.hx.lab/apiexplorer/`